Der Kotti

Jörg Albrecht

Der Kotti – Die Versteigerung von No. 36

Berliner Orte

be.bra verlag

Mehr Informationen im Internet

Bibliografische Information der Deutschen Nationalbibliothek
Die Deutsche Nationalbibliothek verzeichnet diese Publikation in der Deutschen Nationalbibliografie; detaillierte bibliografische Daten sind im Internet über http://dnb.d-nb.de abrufbar.

KulturBrauerei Haus 2
Schönhauser Allee 37, 10435 Berlin
post@bebraverlag.de
Lektorat: Marijke Topp, Berlin
Fotografien: Robert Zagolla, Berlin
Umschlag und Titelfoto: Manja Hellpap, Berlin
Satz: typegerecht, Berlin
Schrift: Stempel Garamond 10/14 pt
Druck und Bindung: GGP Media GmbH, Pößneck
ISBN 978-3-89809-129-9

www.bebraverlag.de

Inhalt

Einleitung

Skalitzer Straße
Adalbertstr.
TANKEN
INKLUSIVE
UBER

Die Schönheit des Unübersichtlichen, die notorischen Geräusche und der Triumph der Geschichten über die Ausstattung

Es gibt Theatervorstellungen, während derer im Zuschauerraum eine solche Stille herrscht, dass man meint, niemand wäre erschienen, obwohl jeder Platz besetzt ist. So ein Gefühl kann einen manchmal auch in der sogenannten historischen Mitte Berlins überfallen, oder in Braunschweig an der Shopping Mall, die vor der Alibikulisse des Schlosses erbaut wurde, oder in München auf der Maximilianstraße. Diese Orte sind leer, auch wenn sie voller Menschen sind. Es sind Bühnen, auf denen nicht mehr stattfindet als die Zirkulation von Waren – mal sind es Images, mal Kleidung, mal elektronische Luxusartikel –, Bühnen, auf denen die Stille alles beherrscht.

Und es gibt Orte, an denen es wimmelt, selbst wenn nachts um vier nur ein Dutzend Menschen anwesend sind. So ein Gewimmelort ist das Kottbusser Tor. Oben hört man die U1 als Hochbahn einfahren, während die U8 unterirdisch gerade Alarm schlägt und dann ihre Türen schließt. Dazwischen rollen Rolltreppen, um die Menschen hin- und herzubringen. Über die Ampeln sollte man nur bei Grün gehen, weil die Autos sehr schnell aus dem Kreisverkehr herausschießen und weil garantiert eine Baustelle die Sicht verdeckt. Die Hipster aus den USA, Südeuropa und Skandinavien, die oft kein Wort Deutsch können, treffen sich am Kaiser's zum Trinken vor der Party, während ein paar Meter weiter, über die Adalbertstraße, die Junkies sich versammeln. Daneben tanzt ein Hochzeitspaar zu Türkischpop mit seinen Freunden, alle in schicken Klamotten, neben ihnen eine weiße Mietlimousine, in ihren Händen Sekt in Plastikbechern, Leute kommen vorbei, tanzen mit, klatschen den Takt, gehen weiter und rauf in eines der Casinos oder zum Asia-Imbiss oder ins Möbel Olfe, um zu trinken, zu knutschen oder einen zu Korb kriegen.

Das Kottbusser Tor ist unübersichtlich und deshalb unendlich schön.

Im Text, der hier zu lesen ist, ist das Kotti tot, zu Ende gentrifiziert. Im Jahr 2029. Entstanden ist der Text zwanzig Jahre davor für eine Theatershow des Kollektivs copy & waste. Auf der Basis von Thomas Pynchons *Die Versteigerung von No. 49* ging es bei uns um die Versteigerung von SO 36, die jetzt, nur sechs Jahre nach der Premiere, weiter in Gange ist. Entwickelt und gespielt wurde das Stück im WestGermany, einem Art Space. Angesiedelt in einer ehemaligen Zahnarztpraxis im Neuen Kreuzberger Zentrum, war dieser Raum für uns das Kottbusser Tor in Miniaturform: Die Betreiber haben die Wände eingeschlagen, aber Überreste stehen gelassen. Es gibt hier Partys, aber nur, um damit anstehende Ausstellungen zu finanzieren. Dreck und Schmierereien sind hier gern gesehen, und mit einem Lichtschalter kann man den Kapitalismus ausschalten – oder zumindest wieder davon träumen.

Wenn man sich mit dem Kottbusser Tor beschäftigt – und das heißt natürlich nicht nur mit seiner Gegenwart, sondern auch mit seiner Geschichte –, landet man unweigerlich bei der Instandbesetzungsbewegung der 1970er, der es darum ging, die

Bausubstanz, die da war, zu bewahren und damit auch soziale Modelle neu zu entwickeln, Hausgemeinschaften zu schaffen, die sich mit dem Haus, der Nachbarschaft, dem Viertel identifizieren. Dieser Wohnpraxis, dieser Stadtentwicklung von unten standen am Kottbusser Tor aber auch in früheren historischen Zeiten das Bedürfnis nach Planung von oben entgegen, u.a. mit Lenné und seiner Luisenstadt im 19. Jahrhundert.

In dem Text, der 2009 im WestGermany als *Die Versteigerung von No. 36* aufgeführt wurde, ist der Abriss von Häusern zugleich auch der Abriss der Geschichte dieser Häuser. Es geht um die Storys von Aufbau, Zerstörung und Wiederaufbau am Kotti, darum, dass immer wieder der je aktuelle Masterplan von subversiven, manchmal halbkriminellen Mikropraktiken konterkariert wurde, und darum, wer die Macht hat, die Geschichte des Kotti zu erzählen.

Der Text entstand also auf dreifache Weise nicht im luftleeren Raum: Erstens wuchs er in der konkreten, alltäglichen Erfahrung in Kreuzberg 2007 bis 2009; zweitens versuchte er, diese Realität mit dem Rückgriff auf die Geschichte Kreuzbergs zu erklären; drittens wurde er zusammen geplant, bearbeitet und auf die Bühne gebracht. »Zusammen« ist so ein einfaches Wort für einen komplexen Prozess – und doch wäre jedes andere Wort, um es einfacher zu sagen, wiederum zu komplex.

Nicht zuletzt darum, um das, was eigentlich dieses »Zusammen« ist, geht es im Text wie auch am Kottbusser Tor nach wie vor. Was heißt dort Zusammenleben? Was heißt Nebeneinander-Wohnen, manchmal dicht an dicht, in den Hochhausblöcken? Und wieso ist die soziale Mischung, für die am Kotti seit 2012 Menschen Tag und Nacht zusammen demonstrieren – einfach, indem sie anwesend sind und einer Mahnwache gleich immer wieder sagen: »Wir bleiben alle!« –, wieso ist dieser Gedanke, der jedem sofort einleuchtend und so vernünftig ist, offenbar nicht stark genug, um gegen die Richie-Rich-Mentalität von Investoren anzukommen? Die Mieterinitiative Kotti&Co. hält trotz allem durch und feierte jüngst den dritten Geburtstag ihres eigentlich provisorisch errichteten Protesthäuschens.

Es stimmt hoffnungsvoll, dass die Menschen sich in ein »Zusammen« begeben, und es verwundert nicht, dass das ausgerechnet am Kottbusser Tor geschieht. Der Kotti hat nicht vor, Persönlichkeit durch Unpersönlichkeit zu gewinnen, wie eine Menge anderer Orte, die derzeit neu gestaltet oder auch erst geschaffen werden und die, weil sie Publicity bitter nötig haben, ihre Rolle in der neoliberalen Stadt so ergeben spielen.

Am Kottbusser Tor stapeln die Menschen lieber ihre Geschichten aufeinander, um zum Beispiel ein kleines Protesthaus zu bauen – und sei es nur provisorisch. Und in dieser unüberschaubaren Menge, gemeinsam, können die Geschichten auch wieder über die Ausstattung triumphieren. Oder sich mit ihr verbünden.

Jörg Albrecht

Wie geschildert, ist der Text nicht im Gespräch unter zwei Augen entstanden. Vielen Dank vor allem an die copy & waste-Crew von *Die Versteigerung von No. 36* [in alphabetical order]: Matthias Grübel, Janna Horstmann, Steffen Klewar, Wilma Renfordt [auch für die akribische Recherche!], Sebastian Straub, Anna Maria Strauß, Sebastian Thiers, Jakob Walser, Joachim Weber, außerdem an das Team vom WestGermany: an Stephan Kallage und Ingo Gerken, sowie an den Förderer des Projekts: das Kulturamt Friedrichshain-Kreuzberg von Berlin.

Der Kotti – Versteigerung von No. 36

FIASCO
Kottbuss

1 Ich brauch auch ein Stück Einsamkeit

#1. Alles fand in einer einzigen Nacht statt. Am Ende dieser Nacht stand sie in einem Flecken aus Licht, mit dem Vorhaben, sich zu wärmen. Immer wieder betrachtete sie die Sporen, die durch die Luft trieben, und wusste nicht, ob sie durchkommen würde damit. Am Anfang der Nacht kam sie zurück, am Anfang einer Sommernacht im November 2029 kam Oedipa Maas von einer Abrissparty zurück, aus einem Teil dieser Stadt namens Berlin. Diese kaputte Stadt. Und ihre noch viel kaputteren Teile. Zum Beispiel der hier. Das seit jeher arme Kreuzberg ist noch ärmer, trotz sechzig Jahren Sanierung im Vergleich zur restlichen Stadt nur die Reststadt für die Restbevölkerung. Und immer noch ärmer. 2029: Die Stadt hat sich verdichtet, die Jahreszeiten sind verschoben, dieser Stadtteil hier ist alles Mögliche, aber nicht mehr im Werden, und Oedipa Maas kommt zurück von einer Abrissparty.

#3. Ich komme nach Hause von einer Abrissparty, begrüße meine Wohnung, und meine Wohnung sagt: Du hast Post. Und die Post sagt: Sie sind Testamentsvollzieherin, für das Vermögen eines gewissen Kotti. Der

Kotti, mit dem ich vor Jahren zusammen war, vor Jahren, aber es fühlt sich an, als wär es noch länger her, und jetzt, als ich lese, dass der Kotti nicht mehr ist, kommt es mir noch viel länger vor. Erinnerungen an sein Gesicht,

#2. Leg doch einfach auf, wenn es der Kotti ist.

#3. seinen Körper,

#2. Flüstert er dir wieder Liebeserklärungen zu?

#3. an Dinge, die er gesagt hatte.

#2. Liebeserklärungen, die euer gemeinsames Leben beschwören, als Raumproduktion?

#3. Mucho! Der Kotti ist tot.

#2. Wahnsinn, die Nacht heute ist eine einzige Niederlage, wie immer. Heute Nacht ist wieder eine meiner Bands abgewandert.

#3. Wir reden über den Kotti, und nicht über deine Bands!

#2. Wenn wir über den Kotti reden, reden wir auch über diese Bands. Gerade heute haben drei meiner besten Bands Adieu gesagt zu diesem Stadtteil: The Golden Golden Gold, Plot Attack und Stadtschlossjünger. Und klar, die wollen auch ein Stück vom Kuchen namens Zehlendorf, Zitty's Number One-Trendbezirk 2029.

#3. Ich brauch auch ein Stück. Ein Stück Einsamkeit. Das hat der Kotti immer und immer und immer und immer und immer immer zu mir gesagt. Ich brauch auch die Zeit, in der du mich mal in Ruhe lässt. Und, Mucho, so schwierig diese Zeit auch gewesen ist, mit dem Kotti, ich hab das immer respektiert.

#2. Nur nicht die anderen. Hier! Bildunterschrift: So sieht Gentrifizierung aus, die Oranienstraße. Bildunterschrift: Berliner Eckkneipe, von Hipstern gemietet. Bildunterschrift: Bohème auf dem Balkon.

#3. Der Kotti ist tot, und die Hipster sind schuld?

#2. Natürlich, das sind Monokulturen, und Monokultur heißt: Alles verödet, Oedipa, bis alles Urbane in diesem urbanen Raum, von dem immer wieder gesagt wird, dass er SO urban ist, bis dieses Urbane abgestorben ist, öde, Oedipa. Monokultur, früher war das noch Stereokultur, Oed, davor Dolby-Surround-Kultur, in der von überall Stimmen kommen, und auf einmal ruft jemand dich an, du drehst dich um und blickst in ein Gesicht, sein Gesicht, in das Gesicht von David Bowie.

#3. [am Telefon] Hallo, ist da das Jurafon? Können Sie ein Testament für mich vollstrecken?

#2. Aber das ist längst vorbei, Dolby-Surround-Kultur, längst vorbei, nicht erst mit the rise of Zehlendorf.

#3. [am Telefon] Wie, ich soll das selber machen?

#2. Kreuzberg 36 leert sich, und jetzt ist der Kotti tot,

#3. [am Telefon] Was meinen Sie damit, ich könnte etwas herausfinden?

#2. Zu Ende gentrifiziert.

#3. [am Telefon] Etwas, das bisher verborgen war?

#2. Nein, es hat nichts genützt, zu rufen: KEEP OFF, HIPSTERS!

#3. Das Gefühl, einen Film zu sehen, bei dem der Projektor leicht unscharf eingestellt ist, und der zeigt mich als Testamentsvollstreckerin. Was ich gerade mache: Testament vollstrecken. Was ich gerade denke: Berlin ist für mich eine Stadt der Umnutzung, aus alten Gebäuden werden neue Nutzungen, und dieser Prozess der Transformierung ist für mich ganz typisch Berlin. Was ich gerade fühle: Irgendetwas fehlt mir.

#2. Die Mischung. Hier in diesem verdammten Kreuzberg fehlt das, was hier nie gefehlt hat, die Kreuzberger Mischung. Viel Spaß mit dem Testament, Darling. Wir werden diese Stadt überleben, glaub mir!

IESE
TADT

Lycamobile
Call the world for less
Digiturk' le Türkiye Evi
Lyca mobile
Call the world for less
ORTEL
ORTEL
Call the world for less
Lebara
Lycamobile

#3. Sie ließ den Südstern hinter sich, um ein Testament zu vollziehen, ohne zu ahnen, dass der neue Ort, auf den sie sich zubewegte, nichts Neues war, und sie wusste, auch wenn dieser neue Ort perfekt fiktional wäre, sie würde auch dort nur bedingt reden können über Stadtteile, die unbewohnbar sind, und deren Freiheit.

Eingang zur
Hochbahn
Skalitzer Straße

2 Verwechslungs-Go-In

#1. Welcome to: San Ocisco! Missis Maas, Missis Maas, immer der Nase nach! Und die zeigt nach Norden, vom Südstern aus in den Norden. San Ocisco 36: wie so viele bekannte Orte in Berlin weniger eine abgegrenzte Stadt in der Stadt als eine lose Gruppierung von Konzepten, von denen allerdings auch nicht mehr viel übrig ist, Reste von Häusern, die auf Resten von Konzepten beruhen.

#3. Jetzt, wo ich hier stehe, den Blick auf die Treppen hoch und die Treppen runter, auf die Spritzen auf den Treppen hoch, Treppen runter, auf die Menschen, die auf den Treppen, am Fuß der Treppen, oben an den Treppen herumstehen, und: irgendetwas anderes, das sich auf die Lungen legt, in die Lungen, als wollte es sich einpflanzen in den Lungen, oder draufpflanzen, jetzt, wo ich vor all dem stehe, erinnere ich mich –.

#1. Hallo, suchen Sie ein Motel?

#3. Und sofort erstickt die Reflexion, was früher war, im Gegenwärtigen. Genug da, um einen nicht auf die Idee kommen zu lassen, es könnte hier früher anders gewesen sein. Ja.

#1 & #2. Da drüben im Neuen Kreuzberger Zentrum, das nicht mehr ganz so neu ist, finden Sie was, Missis.

#3. Das hier war sein Hauptquartier. Hier hat der Kotti begonnen mit seiner Grundstücksspekulation. Haben Sie ein Zimmer?

#2. Klar. Willkommen im NKZ. Also: im stillgelegten NKZ. Das, was davon übrig ist, was ein paar ~~Schaulustige~~ Baulustige in den Siebzigern geplant und in den Achtzigern gebaut haben. Wir haben Zimmer mit Rissen in den Wänden. Haben Zimmer mit Rissen als Wände. Haben hochragende Umbauten, die das Atmen schwer machen. Und SO2-haltige Luft. Unser Werbespruch war mal: Die Wohnung ist gut, das Gebäude ist schlecht, das Umfeld katastrophal.

#3. Als Werbespruch katastrophal.

#2. Der eigentliche Werbespruch war ja: Auch Kreuzberg bekommt sein Glitzerding. Aber na ja, der Drogenhandel im Treppenhaus, die Spritzbestecke im Hof und die Schulkinder, denen in der Haustür schon das Pausenbrot abgenommen wurde, taten ihr Übriges.

#3. Ja ja, haben Sie ein Zimmer?

hostel
FISH HOUSE
ABGELAUFEN

#2. Nur zum Freiluftlesehof, der zum Freilichttheater wird, mit wenigen Handgriffen. Da proben wir manchmal mit der Band.

#3. Wie heißt ihr?

#2. The Paranoids.

#3. Seid ihr Hipster?

#2. Hipster are the new gastarbeiter.

#3. Oh ja. Hier, ein Trinkgeld.

#1. Jetzt schon?

#3. Wer sind Sie?

#1. Metzger, der Anwalt vom Kotti. Ich habe sein Testament aufgesetzt. Lassen Sie den Fernseher aus! Oh! Doch nicht! Das bin ich, das bin ich!

#3. Der erstbeste miese Fernsehfilm, und sofort sind Sie drin?

#1. Ich war eben ein Kinderstar, Ende der Achtziger. Und das war mein allerallererster Film, über die langsam niedergehende Hausbesetzerbewegung.

#3. Was für eine Bewegung? Das ist doch der absolute Stillstand auf dem Fernsehschirm.

#1. Das ist ein Film aus den Achtzigern! Damals war Stillstand ein Thema. Damals war Zeit noch für kurze Zeit Thema. Der Film heißt: Nick Trick und die lustigen Häuser.

#3. Und Sie spielen Nick Trick.

#1. Und die lustigen Häuser. Das ist schon mittendrin! Die Szene im Mieterladen, Dresdener Straße 12, in dem Nick Tricks Vater sagt:

#2. Es geht um diese gewaltigen Klötze, diese Ekelfarben, dann wird mir schlecht, dann bekomme ich Wut! Ich habe dann nur Lust, die abzureißen und zu zerstören!

#3. Wieso eigentlich so aggressiv? Wieso sind alle, wenn es um den Kotti geht, immer so aggressiv? Sogar die Hipster, die hier alles aggressiv kaputtgentrifiziert haben.

#1. Das wird noch viel aggressiver. Meine Mutter hatte da schon Bedenken damals, bei dem Drehbuch. Bis sie zu der Stelle kam, wo ich, also, wo der kleine Nick Trick sagt: Ich glaube, dass die Leute hier, in dieser sehr kaputten Stadt, nicht allein leben wollen, dass sie es einfach nicht packen, weiter allein zu leben.

Skalitzer Straße

#3. Das sagt in diesem Film ein kleiner Junge, womit selbst West-Berliner Mütter überzeugt sind, dass das ein guter Film sein muss.

#1. Wieso WEST-Berliner? Ich komm aus dem OSTEN, hat der Kotti das nie erzählt? Ich war im OSTEN ein Kinderstar, als ich dieses Engagement in einem WEST-fernsehfilm bekam, und das, in Kombination mit dem Statement über das kaputte West-Berlin, brachte meine Mutter ganz schnell dazu, ihre Bedenken zu droppen.

#3. Und das lag nicht am Geld?

#1. Haben Sie was gegen den Osten? Wie meinen Sie, geht der Film aus?

#3. Keine Ahnung, wo sind wir denn jetzt? Lassen Sie mich kurz resümieren: Nick Trick und die lustigen Häuser sind mit den fiesen Bodenspekulanten konfrontiert, die alles abreißen und neu bauen wollen. Nicks Vater engagiert sich in der Hausbesetzerszene, wird verhaftet, kann entkommen und wird erschossen. Moment, das kommt mir doch

#1. irgendwie bekannt vor? Klar. Das ist doch DOKUMENTARISCH!

#3. Aber wird Georg von Rauch, auf den mit der Figur von Nicks Vater offenbar ziemlich unsubtil angespielt wird, nicht schon Anfang der Siebziger erschossen?

#1. 1971 wird er getötet, woraufhin das Schwesternwohnheim des Bethanien-Krankenhauses hier um die Ecke als Georg-von-Rauch-Haus besetzt wird.

#3. Und Ton Steine Scherben singen den Rauch-Haus-Song. Aber das kommt doch alles gar nicht vor in diesem Film. Stattdessen fährt der erschossene Vater zum Himmel auf, und Nick Trick und die lustigen Häuser liefern sich einen herzzerreißenden Feuerwaffenkampf mit alliierten Soldaten. Ist das auch dokumentarisch?

#1. Also, wenn's nach meinem Wissen geht, schon.

#3. Und der Schimmel auf der Kameralinse?

#1. Das ist doch so, damals: Die Innenstädte verrotten, und das ist der Nährboden für Schimmel und andere Pilze, Punk zum Beispiel.

#3. Und die Definition des Schlachtfeldes wechselt. Vor allem jetzt, wenn Sie so nah rankommen an die Kameralinse.

#1. Gutes Timing, was? Lass uns ~~in time~~ intim werden.

Jetzt eiskalt erfrischen!
FRİSEUR
61107467
KUAFÖR
MUHİTTİN

BRUDER!
RETRI
Löschy
AXON
LFS

#3. Kannst du das nicht allein?

#1. Oh, ich merke gerade, da ist irgendwas durcheinander im Film. Das ist ja schon die Szene mit den Instandbesetzern, die durch das Schwefeldioxid, also SO2, zu SO36-Zombies mutieren.

#3. Und was müsste eigentlich an der Stelle passieren?

#1. Du darfst fragen, aber für jede Antwort ziehst du ein Kleidungsstück an, äh, aus, meine ich, oder meine ich an?

#3. An! Also angezündet! Jetzt gerade, im Film, was hast du da angezündet?

#1. Einen alten Super-8-Film von den Bauarbeiten des NKZ. Wenn das schon in reality weiter besteht, will ich es wenigstens als Super-8-Film anzünden, also: will Nick. Schließlich arbeiten der Kotti und andere Bodenspekulanten daran, dass West-Berlin Territorium wird, mit überteuerten Mieten und groß angelegten Medienstandorten.

#3. West-Berlin ist ein Ort, an dem man sich versammelt, und jeder Ort, an dem man sich versammelt, ist zugleich ein Ort, der verteilt, der sich entortet, mit anderen Orten korrespondiert, der sich auf Bildschirmen zeigt und ein Schauplatz ist.

#1. So wie auf diesem Bildschirm ein Schauplatz für Nick Trick und die Horrorhäuser.

#3. Was? Vorhin waren es doch noch lustige Häuser.

#1. Ja, aber es gibt keine Idylle des politischen Orts, der so oder so sein könnte, und sobald die lustigen Häuser besetzt sind, besetzt von Instandbesetzern oder von deren Gespenstern, so wie dem Gespenst von Georg von Rauch, werden sie Horrorhäuser, die auf die Besetzer zurückwirken.

#3. Das nenne ich Ortspolitik.

#1. Und ich nenne diese Gespenster die einzig richtige Bevölkerung!

#3. Was bitte ist eine richtige Bevölkerung?

#1. Du bist unmöglich! Ich weiß auch nicht, wie wir uns die Stadt von morgen vorstellen sollen.

#3. Wer bitte ist mit diesem Wir gemeint?

#1. Keene Ahnung, das war mein Text an der Stelle im Film, der gleich zu Ende ist. Aber solche Texte sind einfach Gift für mich, wenn ich sie sprechen muss, schon damals.

#3. Und deshalb endet der Film so?

Neukölln

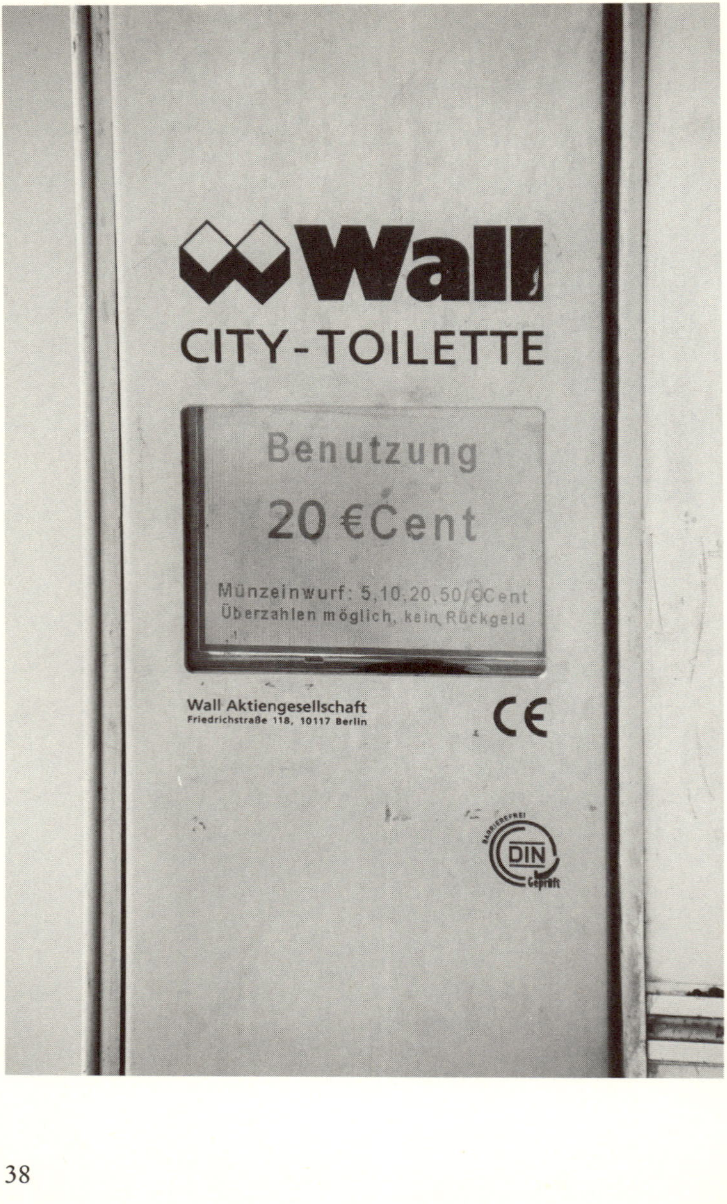
Wall
CITY-TOILETTE
Benutzung
20 €Cent
Münzeinwurf: 5,10,20,50 €Cent
Überzahlen möglich, kein Rückgeld
Wall Aktiengesellschaft
Friedrichstraße 118, 10117 Berlin
CE
DIN
Geprüft

#1. Genau. Statt mit den Zombies weiterzumachen und ihrem Kampf gegen Spekulanten, konstruiert der Plot eine Verwechslungsgeschichte: Der erschossene Vater, angelehnt an Georg von Rauch, hat den Verwechslungs-Go-Out vom Juli 1971 genutzt, um wirklich die Identität zu wechseln.

#3. Verwechslungs-what?

#1. Im Juli 1971 werden von Rauch, Bommi Baumann und Thomas Weisbecker vom Zentralrat umherschweifender Haschrebellen in einem Gerichtssaal in Moabit verhört, von Rauch wird verurteilt und verlässt den Gerichtssaal als Weisbecker. Der Schwindel fliegt auf, und von Rauch stirbt im Dezember 1971 an einem Polizeipistolenprojektil.

#3. Den Tod kenn ich. Und der Film dreht den Verwechslungs-Go-Out nach?

#1. Im Film ist es mein Vater, an von Rauch angelehnt, der den Verwechslungs-Go-Out nur als Verwechslungs-Go-Out inszeniert. Schwarzhecker, die Filmfigur, die sich anlehnt an Weisbecker,

#3. Kann ich mich anlehnen bei dir?

#1. verlässt den Gerichtssaal, aber alle denken später, es sei sein Kollege, mein Filmvater, der als Schwarzhecker freigelassen wird. Somit wird Schwarzhecker versehentlich erschossen, und so kann ich am Ende sowohl meinen Vater in die Arme schließen als auch die lustigen Häuser, die inzwischen nicht mehr besetzt sind, sondern saniert, in Baulicher Selbsthilfe. Toll, oder?

#3. Ein bisschen viel Plot für meinen Geschmack. Bisschen viel Geschichte, bisschen viel Grundstück.

#1. Darin war der Kotti auch immer groß. Immer so viele Geschichten, die da wachsen konnten, dank seiner Grundstücksspekulation. Du willst es vielleicht nicht wahrhaben, Oedipa, aber der Kotti ist einer der Gründe.

#3. Gründe wofür? Für das völlig an den Haaren herbeigezogene Ende von Nick Trick?

#1. Nein, einer der GRÜNDE, auf denen etwas wachsen kann. Etwas, das größer ist als du und ich.

#3. Und einer der Gründe, warum bestimmte Leute zu bestimmten Zeiten an einem bestimmten Ort sind, den man später hinter schamhaft vorgehaltener Hand Westdeutschland nennen wird, und ohne vorgehaltene Hand Westgermany.

#2. Hey, so hieß mal so ein place to be Mitte der Nullerjahre.

#1. Ein place to see und to be seen.

#3. Ging nicht aus diesem place to be mean eine Terrorgruppe hervor, die mit Bomben gegen die damalige schwarzgelbe Koalition vorging?

#2. Haben Sie auch eine Bombe dabei?

#3. Nein. Ich trage verschiedene Kleider übereinander. Ich will mich einfühlen in die widerstreitenden Schichten einer widerstreitenden Stadt.

#2. Das hier ist meine Band, The Paranoids. Unser neuester Song: Du hast die Skyline nach vorn.

#1. Kennst du den, Oedipa?

#1 & #2. Nichts, was zur Nacht gehörte, konnte sie mehr berühren, und nichts berührte sie. Der Raum der Häuser um sie herum und der Raum dessen, was man nur falsch nennen kann, wenn man es so nennt: Politik, waren auf einmal kaum unterscheidbar.

3 Eigentlich ist mir alles zu sick hier

#2. Später in der Nacht, in der Paranoia Bar. Noch wenige Stunden und die Geschichte wird merkwürdig.

#1. Komm, wir gehen tanzen.

#3. Wir tanzen doch schon.

#1. Nein, der Boden bewegt sich nur. Irgendein Projekt von Architekten, die glauben, partizipative Räume zu schaffen.

#2. Und ich bin dabei.

#3. Praktisch oder theoretisch?

#2. Beides. Ich schreibe an einer Kulturgeschichte des Baustrahlers. Gerade sitze ich am Kapitel über das Ende des 20. Jahrhunderts. Darüber, wie Menschen sich bei Rave-Partys ausgedehnte ausgediente Areale aneigneten und lebendig machten.

#1. Der Kotti ist tot.

5000
1500
Geldautomat

#2. Daran ist nur die Wende schuld, die hat alles entmischt,

#1. Vermischt.

#2. diese ganze Kreuzberger Mischung entmischt, das, was Kreuzberg immer ausgemacht hat, die Mischung aus wohnen und arbeiten, beides in einem Viertel, alles weg!

#1. Noch so ein Westalgiker. Diese weirde Westalgiewelle! Hast du die Typen mit den Willy-Brandt-T-Shirts gesehen?

#3. Nein, die Typen mit den Helmut-Schmidt-T-Shirts hatten alles zugequalmt.

#1. Und jetzt steht auch noch der Typ mit dem Helmut-Kohl-T-Shirt vor ihnen.

#3. Helmut Kohl als Westdeutschland im Vergleich zu wem als West-Berlin? Wer ist West-Berlin? War der Kotti das? War der Kotti für die Menschen in Westdeutschland und in West-Berlin West-Berlin?

#2. Berlin [West], das sind für mich eher David Bowie und Christiane F. und Fernsehserien wie Hals über Kopf [Oh Schreck, oh Schreck, das Kind ist weg, die Leute sind empört], die haben uns dieses Bild gereicht, bis in die westdeutsche Provinz hinein hat das gereicht, und wir haben das immer wieder aufgeführt, jeden Tag, bis wir hierher kamen. Und hier?

#3. Wer ist: wir?

#2. Ich darf es nicht sagen, sonst machen sie mir das Leben schwer.

#1. Ein Leben, das schwer ist, soll eigentlich das schönste Leben sein.

#2. Na gut, ich verrate es. Das mit der Kulturgeschichte des Baustrahlers ist nur ein Deckmantel für meine eigentliche Arbeit, ab 1977.

#3. 1977 bis 1984, das sind die Achtziger gewesen!

#2. Ja. Und dank Super 8 ist das dokumentiert, wir haben uns dokumentiert, dich und dich und mich, und jeden neuen Film haben dann die Zuschauer gesehen, die Zuschauer, du und du und ich, in denselben Räumen, in denen dieser neueste Film gedreht worden war, ein paar Minuten zuvor.

#3. Noch wenige Minuten und die Geschichte wird merkwürdig.

#2. Bist du Hausbesetzer?

#1. Nein, Hausbesitzer. Bist du Hausbesitzer?

TELE-INTERNETCAFE
TELECAFE
KREUZBERG
ERSIN MÖBEL
2 mal in Berlin
Grenzallee 22
12057 Berlin
Brunnenstr.70/71
13355 Berlin
Tel: 030 - 680 55 966
www.ersin-moebel.de

#2. Ja, als Hausbesetzer.

#3. Aber ihr Hausbesetzer, ihr wart nicht nur Studenten, oder? Ihr wart auch alteingesessene Quartiersbewohner, zum Beispiel Gewerbetreibende.

#2. Oh ja, und wir waren auch die, die aus anderen Ländern hierhergekommen sind, in die Stadterneuerungsgebiete, um diese Stadt mit ihrer Präsenz zu erneuern. Noch lange, viel zu lange, bis heute fast, nein, bis heute, bis über heute hinaus glaubt man hier, dass eine Stadt geordnet und geplant wachsen müsse. Deshalb werden doch die spontanen Baugebiete stigmatisiert, als Slums und Elendsquartiere.

#1. Und die Neubaugebiete werden gefeiert. Oder hast du nie eine Kaffeefahrt nach Gropiusstadt mitgemacht oder ins Märkische Viertel, und am Ende wurdest du da nur wieder rausgelassen, wenn du deine noch nicht zu Ende gewohnte Wohnung in SO 36 geräumt hast?

#3. Doch. Und ich habe auch die Kaffeefahrt nach Prenzl'berg mitgemacht, und am Ende wurdest du nur aus den Bioläden rausgelassen, wenn du deine Neubauwohnung aufgegeben hast zugunsten hoher Decken und Stuck. Und als ich, mühsam rausgekämpft, zurückkam nach Hause, war es vorbei mit dem Kotti.

#2. Und trendy Zehlendorf verändert und erweitert sich weiterhin unreguliert und prozesshaft, trotz einer hohen Dichte von staatlichen Planungseingriffen. Ja, dieser Stadtteil ist wieder im Werden.

#1. Heute, 2029, nach Jahrzehnten mit Open Source, ist doch klar, dass wir nur so weiterkommen: offen planen und dabei aufeinander bezogen sein. Zum Beispiel:

#2. In einer großen Siedlung verschiebbare Teile einbauen, die von verschiedenen Parteien genutzt werden können. Wenn du auf einmal lieber ein großes Zimmer haben willst, verschenkst du deine Wand an den Nachbarn, oder gleich einen ganzen Teil deiner Wohnung, die immer wieder schrumpft und wächst und schrumpft und wuchert,

#3. Noch wenige Sekunden und die Geschichte wird merkwürdig.

#1 & #2. wild wuchert und schrumpft und wild wuchert und schrumpft und –

#3. Da sah sie es. Während sie kaum noch zuhörte und weiter tanzte, weil dieser Raum außer Tanzen kaum etwas zuließ, sah sie: w.a.s.t.e. Diese Schrift und ein seltsam geknülltes Zeichen darunter, eine Art Haus, dessen Form unverkennbar die Form eines Hauses war und dann auch unerkennbar etwas ganz anderes, wovon sie nicht sagen konnte, was. Und wenn ich dieses Haus sehe, auf diesem Zeichen, auf w.a.s.t.e., dann geht etwas in mir auf, geht los, beschleunigt etwas. So als könnte ich nie mehr sagen: Ich will mal wieder Schönheit, ich will Identität und will endlich über die Moderne hinweg.

#1. Drei Dinge auf einmal: Schönheit, Identität und das Ende der Moderne? Da könnte ich dir das Stadtschloss anbieten.

#4. Hallo. Bin ich hier richtig beim Casting?

#3. Können Sie mir etwas über dieses Zeichen hier sagen?

#4. Äh, also, ich sage nur: Berlin!

#3. Was sagen Sie da: Berlin?

#4. Berlin als Marke. Mehr kann ich nicht sagen, darf ich nicht.

#3. Be Berlin?

#2. Sagen Sie nicht so oft: Berlin. Unter Berlin verstehe ich als Philatelist was ganz anderes. Das Sammelgebiet.

#3. Ja, Berlin ist Sammelgebiet, Sammelgebiet für allerhand Abfall.

#2. Ich meine: DAS Sammelgebiet Berlin, also das Gebiet der Briefmarkenausgaben für West-Berlin.

SAY!
MY
NAME
030
FREIHEIT
2013

#1. Ah! Die Bärenmarken.

#2. Das Sammelgebiet Berlin ist abgeschlossen, 1990, mit dem Zwei-plus-Vier-Vertrag. Dazu gehört auch diese Serie:

Berliner Bauten: West-Berliner Dauermarkenserie, von 1949 bis 1954 erschienen und bis 1957 in Gebrauch, vierundzwanzig einfarbige Marken, bis 31.12.1958 gültig. Motive: 1 Pfennig Brandenburger Tor, 4 Pfennige Schöneberger Rathaus, 4 Pfennige Ausstellungshallen am Funkturm, 5 Pfennig Schloss Tegel, 6 Pfennige Reichstagsgebäude, 7 Pfennige Ausstellungshallen am Funkturm, 8 Pfennige Schöneberger Rathaus, 10 Pfennige Kolonnaden am Kleistpark, 15 Pfennige Flughafen Tempelhof, 20 Pfennige Technische Hochschule, 20 Pfennige Olympiastadion, 25 Pfennige Schloss Tegel, 30 Pfennige Kolonnaden am Kleistpark, 40 Pfennige Schöneberger Rathaus, 40 Pfennige Amerika-Gedenkbibliothek, 50 Pfennige Reichstagsgebäude, 60 Pfennige Nationalgalerie, 70 Pfennige Jagdschloss Grunewald, 80 Pfennige Technische Hochschule, 90 Pfennige Technische Hochschule, 1 DM Flughafen Tempelhof, 2 DM Gendarmenmarkt, 3 DM Brandenburger Tor, 5 DM Schloss Tegel.

#1. Ich muss mal telefonieren.

#3. Woher kennt ihr euch?

#2. Ich habe Metzger in einem Fernsehtestfilm dargestellt von 2009, in dem es um sein Leben als Anwalt geht, der früher Schauspieler war, gespielt von mir, der ich früher Anwalt war.

#3. Aber du siehst ihm nicht ähnlich,

#2. Och joa.

#3. bist nicht derselbe Typ,

#1. Nein.

#3. und du hast die Skyline nach vorn. Gibt es keine Briefmarke vom Kotti?

#2. Wenn, dann nur gefälscht.

#3. In welcher Weise gefälscht?

#2. Hier: Eine Liste von West-Berliner Marken, die gefälscht sind, und die statt dem neuen Neuen Kreuzberger Zentrum schon 1981 ein halb zerstörtes NKZ zeigen. Und einen zertrümmerten BVG-Bus.

#1. Das wird nicht billig!

#3. Wie, und das in Nick Trick und die lustigen Häuser?

#2. Nein, in dem Film: Das Bauwerk, das sich reinmischt.

Kira
Die Miete ist zu hoch!
Kiralar çok yüksek
I ♥ Kotti
STOP
NEW YORK CITY FAMILY JUSTICE CENTER

#1. Über den Film haben die Macher gesagt: Dafür haben wir einiges aufgegeben, die feste, offizielle Wohnadresse zum Beispiel.

#2. Du willst deine Adresse aufgeben? Super, ich könnte eine gebrauchen.

#1. Super, ich könnte deine gebrauchen!

#3. Super? Ich hör immer nur SUPER! Super 8?

#2. Ja, Super 8 ÜBERALL! In den Achtzigern: auf jeder Hauswand, jedem Brückenpfeiler, jeder Abfalltonne Super-8-Projektionen! Aber eine Liste von West-Berliner Abspielstätten für Super 8 wäre sicherlich unvollständig.

#1. Gut, fangen wir mal an!

#4. Geht's hier zur Filmischen Selbsthilfegruppe?

#1. Nein, aber zur Baulichen Selbsthilfe, ein Programm.

#4. Kinoprogramm?

#1. Soziopolitisches Programm ab 1982/83, mit dem Häuser instandgesetzt und modernisiert werden, über 300 Projekte realisiert, und das Schöne ist: Die meisten dieser Projekte sind dokumentiert, dank Super 8!

#3. Ohne Super 8 keine Sanierung?

#1. Ohne Super 8 kein erweiterter Innenraum, jedenfalls nicht in mir. Und ein bisschen mehr Raum ist in West-Berlin zu Super-8-Zeiten schon ganz nett, manchmal.

#2. Zum Beispiel im mobilen Kreuzberger Kino Mirona, das herumfuhr, in einem Möbelwagen. Das Kino gibt es nicht mehr, aber die Vorführgeräte, die schon, und wir haben uns heute versammelt, mit diesen Vorführgeräten, in diesem stillgelegten U8-Schacht, heute, im November 2029, um diesen Film zu sehen, den ich jetzt einlege als ~~Filmvorfühler~~ Filmvorführer, diesen Film von 1982, mit dem Titel: Das Bauwerk, das sich reinmischt.

#3. Reinmischt? Was genau meinen Sie? Und was meinen Sie nicht? Und wie passt ein Bauwerk auf acht Millimeter? Etwas Seltsames begann sich nach ihr auszustrecken, nach ihren Augen, ihren Trommelfellen, Händen, um etwas in ihr auszulösen, kleinste Erschütterungen, die irgendwann zum Einsturz führen würden oder nie. Und sie erinnerte sich, wie der Kotti mal auf Whisky von Toten gesprochen hatte, von etwas, dem diese Toten Platz machen mussten, und sie hatte nicht gewusst, was gemeint gewesen war, und das waren die Erschütterungen in ihr. Und es gab nur ein Mittel: städtische Räume und Gebäude umfunktionieren, um Erschütterungen nachzugehen, umfunktionieren zu Projektionsorten, um eine Beziehung zu den Filmen aufzubauen und zu wissen: Das sind sie, das sind sie echt! Die Achtziger. Und die enden damit, dass Kreuzberg nicht mehr am Rand der Tanzfläche steht, gegen die Mauer gelehnt, sondern HIER ist, mittendrin.

Kottbusser Tor

4 drama queen

#1. Einen sehr guten Projektor besorgen.

#2. Einen tape recorder besorgen.

#3. Einen Verstärker und eine Lautsprecherbox besorgen.

#4. Das Bauwerk, das sich reinmischt: der Film von einer Gruppe aus San Ocisco 36, die sich als Die Baulustigen einen Namen gemacht hat und sich dadurch auszeichnet, dass ihr Film nicht einfach nur die absolute Gegenwart West-Berlins dokumentiert, sondern Versatzstücke aus Architektur und Mediengeschichte zusammenbringt, zusammendrängt, und so die Geschichte eines Gebiets in Berlin dokumontiert, das Kottbusser Tor heißt, früher einmal Luisenstadt hieß und noch viel früher Köpenicker Feld. Oedipa und Metzger kamen in eine dieser typischen illegalen Filmvorführungen in einem stillgelegten U-Bahn-Schacht, die wahnsinnig illegal aussehen, aber total legal sind, und selbst der Charme des Illegalen hatte nicht so viele Leute gezogen, ein halb leerer Projektionsschacht, was allerdings der Tristesse im Film irgendwie auch entsprach. Der Film war komplett im damals neuen NKZ gedreht, die Kostüme waren over the top, die Beleuchtung armselig [manchmal wünschte man sich, jemand hätte im Schnitt das Licht aufgehellt], und zwischendurch rutschten die Schauspieler, die den Text teils ablasen, teils improvisierten, immer wieder in die Sprache jenes West-Berlins, in dem sie sich aufgebaut hatten, als halbwegs bewohnbare Altbauten, mit dem Glamour der Verrottung. Und, um es gleich zu sagen: Ein Drittel des Films ging in einem Kodak-Labor verloren. Aber zum Glück finden sich die Löcher im Plot so gut verteilt, dass wir die allerwichtigsten Wendungen mitbekommen in diesem Doku-Fiction-Film der frühen Achtziger, der sich nicht wie so viele Filme der Zeit in der Sprache Christiane F.s übt, sondern bizarrerweise in der Form einer Komödie daherkommt, aus dem 18. Jahrhundert, zwischen Barock und Romantik, zwischen Lohenstein und Tieck, die im Film aufgeführt wird, vor einem fiktiven Publikum. Es gibt mehrere Ebenen der Darstellung, die miteinander vermischt werden, verwischt werden und daher nicht nur den fiktiven, sondern auch den realen Zuschauer verwirren, zum Teil auch die Darsteller selbst, vor allem die männlichen Hauptdarsteller, eine Gruppe dreier junger, schwuler, türkischer Junkies ohne Arbeit, die im Bett und in der Hausbesetzerszene und im Bett der Hausbesetzerszene eine gute Figur machten, unfreiwillig zur Bohème ihrer Zeit wurden und von den Filmemachern direkt von den Stufen der U8 weggecastet wurden, um sich zu Beginn des Films gegenseitig zu beschießen, mit Kanonenkugeln. 1760, mitten im Siebenjährigen Krieg: russische Kanonenkugeln gegen das Kottbusser Tor, also das wirkliche Stadttor nach Cottbus, das zu Beginn des Films noch von einem Darsteller gespielt wird, der, nachdem die Kanonenkugeln ordentlich zerstört haben, sagt:

#2. Ich zitter / ich erstarr! betrigen mich di Ohren? / Träumt mir? bin ich bei Witz? hab ichs Gehör verlohren?

#4. Daraufhin schneidet der Film in eine dilettantisch animierte Sequenz, in der der preußische absolutistische Staat auftritt. Diese Figur wollten die Macher offenbar aus Furcht davor, in die Repräsentationsfalle zu tappen, lieber nicht selber spielen und überließen das den animationstechnisch am Anfang stehenden Computern. Eine C64-Figur läuft in Zeitlupengeschwindigkeit auf einer für 1982 perfekt programmierten Akzisemauer, und ihre Synchronstimme diskutiert in den nächsten Minuten die soziale und räumliche Entwicklung der Residenzstadt Berlin und beschließt, sie zum Zentrum des preußischen Staates zu machen. Was folgt: Baupolitik und Bevölkerungspolitik auf einer riesigen hautfarbenen Gummifolie: 1772, das Hypothekenrecht, um Grund und Boden zu kapitalisieren. Und auf dieser Grundlage entsteht das größte Monster des 19. Jahrhunderts. Goethe? Nein, die Berliner Mietskasernen in der Luisenstadt. Die Umwandlung von feudalem und genossenschaftlichem Grundbesitz in Privateigentum – Sie erinnern sich an Friedrich II. – diese Privatisierung schuf die Grundlage für die bald einsetzende Boden- und Bauspekulation.

#3. Was ist es / daß man kann an dem Friedericus schälten?

#2. Daß Räume ihm nur als Behälter gälten.

#3. Der Himmel laße nicht so grimmen Riß geschehen!

#2. Kann die Bodenspekulation denn di Gefahr nicht sehen? / Verdammte Raserey! Verfluchte Mörder-Lust!

#3. Raubt ja di Flächen hin / nur sätzt auf unsere Brust / Nicht eure Klauen ein!

#4. Damit endet der erste mehr oder weniger zusammenhängende Abschnitt des Films. Hier tritt nun ein hundertsechzigköpfiger Chor aus Gastarbeitern auf, realen Gastarbeitern aus dem Kreuzberg der Achtziger, die mit absolut fehlender Präzision diesen Text sprechen:

#1. Acht Groschen pro Tag: Während der Berliner damit kaum zu leben weiß, versteht der Schlesier davon zu sparen, und zur Winterzeit bringt er einige sauer erworbene Thaler zurück in seine Heimat. Dafür lebt er wie der Ire in London. Acht bis zehn Mann nachts in einem stinkigen Loche, die Nahrung: Abfall, von Schmutz starrt der Körper.

#4. Dem entgegen schneidet der Film nun eine Szene, die die Entstehung des Bebauungsplans für das Köpenicker Feld aufarbeitet, mit folgenden Figuren: Der Berliner Polizeipräsident Louis Le Coq, gespielt von Lola La Cock, dem beliebtesten Transvestiten von halb West-Berlin im Jahre 1982. Der Chef der Abteilung Handel und Gewerbe im Innenministerium, Johann August Sack, gespielt von einem fast noch jugendlichen Klaus Wowereit. Und die Berliner Kommune, gespielt von einer Schauspielschulabgängerin, die versucht, Hanna Schygulla zu sein.

#1. Lassen Sie uns mal die Grenzen bestimmen, die eingrenzen, wo Gebäude aufgebaut werden.

#3. Eingrenzung überall, wo Unordnung herrscht, schon im 19. Jahrhundert.

#1. Grenzen, innerhalb welcher keine Gebäude aufgeführt werden dürfen,

#2. Aufgeführt werden?

#1. aufgeführt. Damit durch solche Grenzen die Anlage regelmäßiger Strafen Straßen nicht verhindert werden kann. Was sagen Sie denn dazu, Kommune? Damit wären wir doch fertig, Le Coq!

#2. Alles im Sack!

#3. Gehen wir noch was trinken, in der Orangenstraße?

#4. Nach dieser eher improvisierten Szene folgt eine anstrengende Achtziger-Kunstfilm-Sequenz, auf einem Balkon des NKZ. An dieser Stelle tritt Peter Joseph Lenné auf, Gartenbauer und Architekt, der mit seinen Schmuck- und Grenzzügen von Berlin mit nächster Umgebung eine Art von Glamour schaffen will [Licht, Luft, Sonne], die irgendwie unvereinbar scheint mit dem Köpenicker Feld. Er gießt Pflanzen und spricht als Voice-Over, während die Kamera über den Blumenkasten am Balkon fährt:

#2. Weidenflächen, Gärten, Äcker, und vor allem: Ödland. Die größte Fläche dieses Landes ist Ödland, das sich allerdings sehr gut zum Gartenbau eignet, feuchtes Ödland, überfeucht, und das soll entwässert werden, parzelliert, bebaut, damit Menschen hier verortet werden können, in einem Stadtraum, einem Adressraum, Straßenzüge, Hausnummern und Keller, für immer trockengelegte Keller, in denen nichts schimmeln kann.

#4. Unterbrochen wird dann durch ein Elektrochanson von Königin Luise, Gattin Friedrich Wilhelms III., nach der die Luisenstadt benannt wird, ein Chanson auf die große Zollmauer, in deren Innerem sich Berlin langsam bildet. In einem Film des Jahres 1982 ist dieses Chanson über die Zollmauer natürlich nur als Chanson über DIE Mauer zu verstehen, diese wall of fame.

FUNK
CREME
HARD
GRAB

#3. Wofür war denn nun wohl die letzte Szene?

#1. Zu gar nichts, sie ist völlig überflüssig, bloß, um einen neuen Unsinn hineinzumischen in Das Bauwerk, das sich reinmischt.

#3. Man behält gar keinen festen Standpunkt. Mir ist völlig so, als wenn ich betrunken wäre.

#1. Man weiß durchaus nicht, woran man mit dem Stücke ist.

#3. Und auch keine Liebe! Nichts fürs Herz drin, für die Fantasie!

#1. Zum Glück!

#4. Es geht weiter, mitten im Prozess der Verslumung der Luisenstadt Ende des 19. Jahrhunderts. Jetzt, ziemlich spät für einen Spielfilm, ungefähr bei der Hälfte, tritt die Protagonistin auf, die im Film vierzehn, in Realität aber eher vierundzwanzig ist.

#1. Wir sind hier in der Barackenstadt auf der Schlächterwiese vor dem Cottbusser Thore, 1896, eine bunte Reihe der jämmerlichsten Hütten aus den werthlosesten Ausschussbrettern und Abbruchgegenständen zusammengenagelt, zweihundertsechzig Menschen, die Hälfte Kinder, leben Wochen und Monate lang in einer Erbärmlichkeit, gegen welche das Prunken und die

Kottbusser Tor
U
Zu den
Hochbahneingängen
NOTRUF

Schwelgerei der im Milliardenstrome Schwimmenden um so greller absticht. Das läßt sich gar nicht aussprechen.

#2. Du sollst es aber aussprechen!

#1. Na gut.

#2. OH MEIN GOTT! Die Hochbahn kommt! Sie kommt! DA IST SIE!

#1. Und wenn Gräber im Weg sind, werden die toten Körper eben verschoben.

#3. Und genau darum geht es, wenn wir von Räumen sprechen, 1982. Elitäre Räume sind Räume der Organisation oder der Anordnung und Zurichtung von Körpern auf Territorien. Los! Der Vorhang geht auf, man sieht nur die Dekoration.

#1. Wer bist du denn? Du bist doch sicher nicht älter als vierzehn.

#3. Ich bin gerade erst vierzehn geworden. Aber das heißt doch nicht, daß ich mich nicht politisch einsetzen kann, gegen den Bau einer Hochbahn in Schwarzgelb.

#1. Nun hört nur, das Mädchen untersteht sich, von der politischen Welt zu sprechen!

#2. Ich möchte fast nach Hause gehen, denn ich fürchte, toll zu werden. Außerdem: Ist die Hochbahn nicht erst schwarzgelb beim Neubau?

#3. Auch dann nicht. Aber 1929, beim Neubau: Grundstück angeschnitten, aus Versehen, Grundstück unterirdisch angeschnitten, Risse in der Eckbebauung,

#1. für den Neubau, für die breitere Fahrspur,

#2. die Normalspur, U8: Normalspur.

#3. Super 8: Schmalspur.

#2. Übrigens: Das hier war jetzt gerade eine Privatunterredung, die gar nicht auf dem Theater vorgefallen wäre, wenn es zwischen den Kulissen nicht so abscheulich eng gewesen wäre. Sind Sie also illudiert gewesen, so ist es wahrlich umso schlimmer, seien Sie dann nur so gütig, dieses Territorio wieder zu vergessen.

#3. Territorio. Territorio? Wieso hängt das im Dunkeln, das Wort?

#1. Ich hab genug!

#4. Und während es noch mindestens zwei Filmrollen bis zum Abspann waren, in denen es mit ziemlicher Sicherheit um die in den Sechzigern geplante Stadt-

Kottbusser Tor
i
Information

autobahn mitten durch Kreuzberg gehen würde, die Mitauslöser für die Hausbesetzerbewegung war,

#2. Tod durch Tangenten!

#1. Hallo! Ich hab gesagt: genug!

während all das noch käme, wenn Sie jetzt hier blieben, meine Lieben, nahm Metzger nun Oedipa und drängelte sich durch die lichte Menschenmenge im U-Bahn-Schacht, obwohl Drängeln völlig überflüssig war:

#3. Und wer sind Sie? Doch nicht einer der Typen, die diesen Film gemacht haben?

#1. Oedipa, du bist unmöglich.

#2. VIELLEICHT.

#1. Sie tippte mit ihrem Zeigefinger auf irgendeinen Namen im Programmheft, das so dick war wie ein Telefonbuch:

#3. Rudolph Driblette!

#2. Richtig. Eigentlich Dribel. Driblette ist mein Künstlername.

#1. Waren Sie mal Drag Queen in einem Kreuzberger Club?

#2. Ja. Aber jetzt bin ich raus aus dem Drag-Biz. Heute eher drag and drop.

#3. Ja, drop = fallenlassen. Sie haben da im Film ein Wort fallenlassen. Territorio. Irgendwas mit diesen Friedhöfen, irgendwas mit diesem Grund und Boden, auf dem das steht, irgendwas macht da einen Zusammenhang.

#1. Etwas HAT einen Zusammenhang, es MACHT keinen.

#3. Doch, es MACHT einen Zusammenhang, von dem ich nicht weiß, ob er lose ist, locker oder total verdichtet.

#2. Ja, ich habe das in dem Film gesagt, Territorio, aber das stand nicht mal im Drehbuch.

#1. Ich warte im Wagen.

#3. Aber was hat das mit dem Ganzen zu tun, mit der Bodenspekulation von Friedrich II. bis jetzt, mit dem Kotti und mit dem Grund, auf dem das alles aufbaut?

#2. Wenn ich was sage, kannst du mir versprechen, dass du aufhörst, die Stadt als Ganze erfassen zu wollen, als kollektives System, das eindeutig bestimmbar ist?

Dass du aufhörst, Transformation als einen linearen Prozess zu begreifen, dessen Endpunkt eindeutig entsteht, als Folge von Ursachen und nicht als deren Mischung? Kreuzberger Mischung heißt ja auch: Mein Körper ist diese Mischung. In den Sechzigern will man diese Mischung weghaben: Wohnen und Gewerbe, das soll ganz getrennt sein, hören Sie nicht?, GETRENNT!

#3. Mischkalkulation: Wenn Menschen, deren Gehaltsklassen, Geburtsländer und Musikgeschmäcker sich völlig unterscheiden, sich begegnen und öffentlichen Raum teilen.

#2. Die Kreuzberger Mischung ist Sunnydale und Manhattan in einem: dörflich, provinziell UND urban.

#3. So verstehen Sie Territorio?

#2. Wenn ich mich auf einmal hier auflösen würde, zu Wasser, aus dem ich fast nur bestehe, und einfach reinsickern würde in den Boden, würde all das, was Sie gesehen haben, mit mir verschwinden.

#4. Das war der Schluss des Films, der immer noch im Hintergrund flackerte. Am Schluss wird die Dekoration bejubelt und ist von Tränen so gerührt, dass sie nicht weitersprechen kann. Oder nicht? Nein, nicht!? Ach, ich weiß auch nicht. Es gibt Dinge, die können nicht in einem Film gesagt werden, Dinge, die können nicht vorgeführt werden, aufgeführt, auch wenn es nach all den Exzessen auf den bisherigen Spulen schwer ist, zu denken, dass es da Grenzen geben könnte, die sich [Textteile fehlen], auch wenn man sagen kann, dass [Textteile fehlen], und wem Räume nur begegnen, wenn sie Behälter sind, der [Textteile fehlen und fehlen fehlen, fehlen!]

EXCHANGE AG
JUWELIER ·
EXCHANGE AG
EXCHANGE AG
GOLDANKAUF
EXCHANGE
LEIHHAUS
Bargeld sofort
für Gold, Schmuck
u. hochw. Uhren
Foreign-Exchange
Money Transfer
Worldwide
www.exchange-ag.de
RNS

5 Schmalspur/Schmalfilm

#3. Du gehörst sicher irgendeinem Underground an, oder?

#2. Mmh, ja.

#3. Und der ist Teil von w.a.s.t.e.?

#2. Zufällig ja.

#3. Sind Sie ein Underground?

#1. Ich verkaufe Döner und das ziemlich im Overground.

#3. Aber haben Sie nie gedacht, dass auch unter diesem ganzen Gebiet hier etwas sein könnte?

#1. Die U8?

#3. Ach, gute Nacht!

#1. Stopp! Jahrzehntelang plant der Berliner Apparat das, die Sanierung hier, erst als Berlin [West], dann als Berlin, dann als Berlin [Hauptstadt], und am Ende kommen raus: Ruinen.

#3. Wie bitte?

#1. Jahrzehntelang plant der Berliner Apparat das, die Sanierung hier, erst als Berlin [West], dann als Berlin, dann als Berlin [Hauptstadt], und am Ende kommen raus: Ruinen.

#3. Und dass da immer nur Ruinen rauskommen, sind das Zufälle?

#1. Ja.

#3. Zufälle, aus dem Boden geschossen.

#2 & #1. Pilze.

#3. Mucho! Bist du wieder auf LSD?

#2. Ach, Oed, Planungsfehler, Planungsfehler, Planungsfehler, die nicht mehr korrigierbar sind.

#3. Ist es das, was du meinst, wenn du sagst, du würdest daherkommen wie ein ganzes Zimmer voll Leute?

#2. Nein, aber wenn ich sage, ich würde daherkommen wie ein ganzes Hochhaus voll Leute.

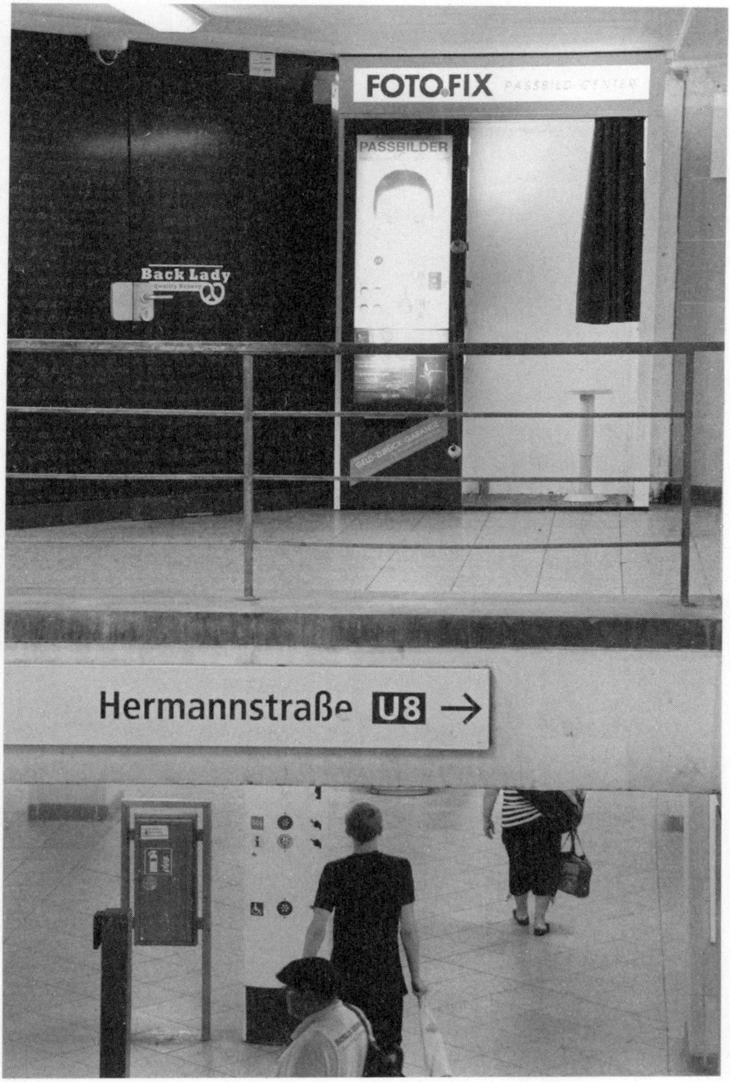
FOTO.FIX
PASSBILD CENTER
PASSBILDER
Back Lady
Hermannstraße
U8

U12
BUS
TAXI
Ausgang
Kottbusser Straße
Skalitzer Straße
Linie Ziel Abfahrt
U8 in 1min
U8 in 5min

#3. Wie ein ganzes Viertel voll?

#2. Ich kann mich nicht beherrschen.

#3. Du kannst dich nicht beherrschen.

#2. Er / sie / es kann sich nicht beherrschen und bricht. Gebrochenes Weiterleben der Admiralstraße. Mein gebrochenes Weiterleben, x-mal gebrochen, damit ich überhaupt weiterleben kann, weil jede lineare Art des Weiterlebens, wie sie dieser Plot will, mich nur hindert, Teil eines Gesprächs zu sein und immer nur sagt: Fass dich kurz!

#3. Metzger! Bist du ein Underground?

#1. Nee.

#3. Aber du kennst dich doch aus in der Homoszene.

#1. Nur weil ich mal einen Stricher gespielt habe, in einem Fassbinder-Film?

#3. Da muss also doch irgendwo ein Underground –

#1. Ach,

#1 & #2. lass mich in Ruhe. Dauernd fällt irgendjemand mit dem Ohr an der Tür mit der Tür ins Haus, in deinem Zimmer sind mehr Webcams, als du ahnst, deine Netzverbindung liegt offen da.

#3. Alles liegt offen da. Aber ich will hier wohnen bleiben!

#1. Wo? In diesem sanierungsbedürftigen Körper?

#2. Da gehe ich doch lieber in die bauliche Selbsthilfegruppe.

#1. Aber wenn du bauliche Selbsthilfe betreibst, kannst du nicht mehr auf der Straße stehen und gegen Kahlschlag demonstrieren.

#3 & #2. Karl wer?

#1. Kahlschlag! Da musst du auf der Baustelle stehen, die dein Haus ist, und die dauerhafte Nutzung durch eine GbR-Gründung demonstrieren. Und dann kannst du dein Engagement für eine spontane Architektur ohne Regularien auch gleich abschreiben.

#3. Das wollte ich auch noch abschreiben.

#2. Dann ruf doch beim Finanzamt an, am Mehringdamm.

#3. Nein, ich wollte mir das noch abschreiben.

NORMA

#1. Abschreibungspraxis, schon klar. West-Berliner Arztpraxen bauen nicht für West-Berliner Ärzte, sondern für westdeutsche Ärzte, die damit Steuern sparen.

#3. NEIN! Abschreibepraxis! Abschreiben!

#2. Manche nennen es Abschreibepraxis, manche Teamwork, manche nennen es einen schäbigen Trick, die Verantwortung abzuschieben, auf andere.

#3. Wieso? Ich schreibe ab und sortiere. Hallo! Ich verstehe langsam gar nix mehr. Wie ist das jetzt bei diesem Paranoiaprojekt? Können Sie mir mal in einem Satz sagen, was da passiert?

#1. Eine Frau geht auf die Suche nach einem Stadtteil und merkt, dass sie dieser Stadtteil ist.

#3. Ich meinte den Plot! Man muss doch den Plot in einem Satz erzählen können.

#2. Hab ich doch. Und damit ist das abgehakt, ja? Ich kann diesen einen Satz sagen und mich endlich um das Wichtige kümmern, um das, worum es wirklich geht, um die Wirklichkeit, die diesen Plot befallen hat wie ein Pilz.

#1. Wieso rennst du auf einmal?

#2. Ich bin auf der Jagd.

KAISER'S

CLIMATE JUSTICE NOW ENDE GELANDE!
ALICE EDDIE
TeBe Fan
REVER
TOGO
ARTY SHOP
razzz
YUP.
CLIMATE JUSTICE NOW ENDE GELANDE!

#3. Mein Mann ist DJ!

#1. Cool!

#3. Und er nimmt LSD!

#1. Toll!

#3. Und er tastet sich immer weiter durch die kunstvolle Architektur dieses Stadtschlosses, das er selbst ist.

#2. Ja, und? Ich weiß doch nie, wenn ich mich durch mich bewege, durch mich als Stadtschloss, ob später mal jemand kommen wird, um zu sagen: Das war ein großer Moment der Geschichte! Wir sammeln und kombinieren, aber wir schleppen so viel kulturellen Schutt mit uns herum, stapeln ihn, ohne Überblick, die Stadt ist ja auch nie im Überblick.

#1. Wer hat den Überblick?

#3. Du! Du kennst dich doch aus in der Heteroszene.

#1. Nur weil ich die ganze Zeit den Hetero spiele, in einem Fassbinderfilm? Nein, das stimmt nicht, in KEINEM Fassbinderfilm! Du bist unmöglich!

#3. Nein, ich BIN MÖGLICH, und jetzt hör bitte auf, mir zu erzählen, dass ich es nicht bin!

CASINO 36

#4. Dem Krach zufolge bin ich hier richtig beim Casting?

#1. Wir suchen Einzelschicksale, möglichst weit weg von uns, also möglichst nah dran an der Peripherie, können Sie das bieten?

#4. Also, wenn Sie an mich ranzoomen, finden Sie da sicher einiges, was an die Peripherie gehört, und das ganz authentisch. Ein Postkartenmotiv von Rimini.

#1. C'est la vie!

#4. Und wie nennen wir unseren Film dann?

#2. Berlin 36?

#1. So heißt doch schon der Film über Curry 36, in dem herauskommt, dass die Chefin des Imbiss in Wirklichkeit ein Mann ist.

#4. Skandal!

#1. JA! In Berlin gibt es Menschen, die gibt es gar nicht, es gibt auch Fahrzeuge, die gibt es gar nicht, ein ganzes Berlin, das GIBT ES GAR NICHT!

#2. Das gibt's ja nicht!

#1. Doch, das gibt's! Denn Berlin ist immer das gewesen: Dichte. Und Dichte ist Zumutung, Dichte ist die härteste Zumutung, Verdichtung: schönste Zumutung, und Verdichtung mit dir, Berlin: hey wow! Immer, wenn ich mich auf dich einlasse, machst du mich zunichte. Hör auf! Nein, hör nicht auf, mich zunichte zu machen, mach mich weiter zunichte, denn wenn du mich nicht zunichtemachst, fühle ich einfach: Mir fehlt etwas. Und wenn du mich zunichtemachst, auch, dann fühle ich: Mir fehlt so viel, um du zu sein. Mir fehlt so viel, denn im Zentrum deiner Geschichte stehst du.

#2. Im Zentrum von Driblettes Geschichte: Driblette, bis zum Ende?

#3. Zu Ende?

#2. Er hat sich erhängt, an einem Lurexfaden aus seinem Lurexhalstuch.

#3. Das heißt, die Spur zu Territorio führt über Driblette, aber sie führt jetzt ins Leere.

#2. Nur weil jemand tot ist, führt seine Spur nicht gleich ins Leere! Immerhin war er noch dabei, einen Film zu konzipieren, der nur mit Baustrahlern auskommt, als Filmlicht, und sie damit stärkt, die kulturelle Bedeutung des Baustrahlers.

#1. Keine theoretischen Abhandlungen, bitte!

135 A
Stipan Perić
Zahnarzt
Sprinklerzentrale

#3. DOCH! Ich will endlich mehr theoretische Abhandlungen, jenseits von ich/du/er/sie/es, fremd und eigen. Und noch eins: Verschon mich mit Postkartenmotiven, die dich als Altstadt zeigen!

#4. Geht's hier zum Casting?

#3. Ja, lernen Sie dafür die Motive der Dauermarkenserie Berliner Stadtbilder!

#4. Na gut. 1 Pfennig und 3 Pfennige Brandenburger Tor, 5 Pfennige Landespostdirektion, 7 Pfennige Funkturm und Ausstellungshallen [zwei Mal, leicht abgewandeltes Motiv], 8 Pfennige Rathaus Neukölln [grau und orange], 10 Pfennige Kaiser-Wilhelm-Gedächtniskirche, 15 Pfennige Luftbrückendenkmal, 20 Pfennige Henry-Ford-Bau der Freien Universität, 25 Pfennige Lilienthal-Denkmal, 30 Pfennige Schloss Pfaueninsel, 40 Pfennige Schloss Charlottenburg, 50 Pfennige Kraftwerk Ernst Reuter, 60 Pfennige Industrie- und Handelskammer mit Börse, 70 Pfennige Schillertheater, 1 DM Reiterstandbild des Kurfürsten von Andreas Schlüter, 3 DM Kongresshalle.

#3. Die Frage ist nur: Welcher Underground gehört eigentlich nicht zu waste?

#1. Es heißt w.a.s.t.e., ja, nicht waste. Und jetzt hören Sie mal zu: Wir hören auf.

#3. Ja, hören wir auf.

#2. Man kann also das Buch am Ende zuschlagen und sich sagen, dass Paranoia immer die der anderen ist?

#1. Bevor du das Buch zuschlägst, kommt die Versteigerung.

#2. Und davor noch das: Ganz im Schatten, nur erahnbar, sah sie einen Behälter, Abfallbehälter, alt, neongelb, und in ihm: ein Hochhaus.

OPEN
24 Hours
6A

6 Coming-Soon-Stadt

#2. Und es geht ~~maßlos~~ nahtlos weiter: mitten im Stadtraum, mitten in dem seltsamen Ghetto an der Mauer, das 2029 die Erinnerung an dieses Ghettodasein komplett vergessen hat, komplett?, nein, nicht komplett, irgendetwas, und niemand könnte jetzt schon sagen, ob groß oder klein, irgendetwas wehrt sich dagegen, das Erinnern wegzuhalten zugunsten der Reproduktion von Geschichtsbildern, aber bisher weiß niemand, weiß sie nicht, weiß sie einfach nicht, was genau das ist, sie weiß nur, sie ist draußen, so sehr sie auch mehr will, so sehr sie mehr sein will als das, was sie ist, sie ist draußen, sobald sie die fünf Buchstaben sieht, w.a.s.t.e., was auch immer, sie muss raus!, raus raus raus, in den Stadtraum, hoch zur U1, in den Waggon, und während er fährt, neben ALF und CLIFF an den Wänden: w.a.s.t.e., immer kleingeschrieben, so klein geschrieben, dass, wer nicht weiß, dass es da steht, nicht weiß, was da steht, w.a.s.t.e, aussteigen am Schlesischen Tor, eine Minipizza, auf dem Minikarton die Miniaufschrift, weiter!, im Görlitzer Park eine Bank, eine Zeitung, mit rotem Edding in der Titelzeile, Westerwelle, w.a.s.t.e.rwelle, wenn du weiterläufst, in Zeitlupe, sehen, wie sich Schuhsohlen vom Boden lösen, in Zeitlupe, das Zeichen auf den Schuhsohlen sehen, wenn die Schuhsohlen sich vom Boden lösen, daneben, in der Pfütze gespiegelt: w.a.s.t.e., auf einem Möbelwagen, rauf auf den Wagen, Oedipa, rauf und weiter, weiter!, auf Brückenpfeilern, Busfahrplänen, Bürgersteigen [mit Kreide], in Fernsehern, die in Fernsehfachgeschäften stehen, an Autofenstern [in den Dreck geschrieben], an der Sprechmuschel von Telefonhörern in Telefonhäuschen, in der kleinen Rinne, die zwischen Bordsteinkante und Straße existiert, die existiert!, wenn du nach links schaust und ein Auto mit gefälschtem Kennzeichen, wenn du nach rechts schaust und noch eins, nach unten, ein Gullideckel, wenn du nach oben schaust und siehst, wie ein Hubschrauber mit einem Banner über Kreuzberg fliegt, wenn du mit deiner Hand in ein frisches Kaugummi fasst, unter dem Tisch, und als du unter den Tisch schaust, neben dem Kaugummi diese fünf Buchstaben, immer diese fünf Buchstaben, Buchstaben, egal wo sie aufschlägt, egal was sie aufschlägt, in der Kreuzberger Bibliothek, sieht sie von allen Buchstaben auf der Seite nur diese FÜNF, sieht nur die, nur, neben ihr klappt jemand ein dickes Buch zu, das Lexikon der paranoiden Partizipation, und auch darauf, in Gold: w.a.s.t.e., raus!, dort: die elektronische Anzeige eines Busses, Doppeldeckerbusses, die für die untere Etage ein anderes Ziel angibt als für die obere, und das Ziel auf der oberen lautet, na klar, w.a.s.t.e., aber sie läuft immer noch hier herum, als wäre sie dafür unzugänglich,

#3. laufe immer noch hier herum, mit einer Kamera, unzulänglich, die nicht zugibt, dass sie unzulänglich ist, denn wenn sie das zugibt, kann sie dann nicht verhindern, dass der Film auf eine gefährliche Weise glaubwürdig gemacht wird und nicht vermittelt, dass es darum gar nicht gehen kann, um Glaubwürdigkeit?

#1. Was für eine Glaubwürdigkeit? Du sollst ein Testament vollstrecken und nicht mich dafür vor Gericht verteidigen, dass ich als Kinderstar mal Nick Trick gespielt hab.

#3. Und die lustigen Häuser.

#1. Ich habe nur Nick Trick gespielt.

#2. Ich war die lustigen Häuser. Zum Beispiel das NKZ.

#1. Aber das NKZ ist ein städtebaulicher Fremdkörper, es sprengt einfach die Dimension dieses ganzen Gebiets.

#3. Und deshalb müssen wir das Neue Kreuzberger Zentrum sprengen, da lebt doch nur noch Restbevölkerung, die nicht mehr stadttypisch ist.

#2. Please welcome Klaus Landowsky in der Hall of Shame! Typisch für Berlin ist in jedem Fall dieses gespaltene Bild, das es abgibt, so lange nach der Wiedervereinigung Wiedervereinigung, und dieses gespaltene Bild muss endlich weniger gespalten sein.

#3. Please welcome Klaus Wowereit in der Hall of Blame! Ach, was rede ich da, ich muss weiter und mich um Territorio kümmern.

#1. Meinen Sie Territorialisierung?

#3. Ähm. Vielleicht. Ja.

#1. Und Deterritorialisierung?

#3. Mmh. Ja. Und das beides innerhalb der

#3 & #1. Kreuzberger Geschichte,

#1. und die innerhalb einer deutschen Geschichte, innerhalb einer globalen, wobei das Interessante ja die Sprünge in dieser Geschichte sind und nicht das, was da angeblich das eine Ereignis überführt in das andere.

#3. Na dann: Welcome, Klaus Theweleit, in der Hall of Fame! Oh nee, mit Ihnen diskutiere ich nicht, das wird immer so anstrengend.

#2. Ach komm, Klaus.

#3. Nee, Klaus!

#1. Was machst du, Klaus?

#3. Ich schieße mal wieder irgendeine Parole aus der Hüfte. Von meinen Hüftschüssen lebte doch die Berliner Politik die gesamten Neunziger. So wie bei meinem Sprengaufruf.

#2. Das ist deine Version der Geschichte.

#1. Aber es kann doch nicht sein, dass Erinnerung immer wieder suspendiert wird, weil fertige Geschichte wie Ihre, Landowsky, eben schon fertig ist und Erinnerung eigentlich noch das Erinnern braucht.

#3. Also, habe ich gesagt, das wird anstrengend?

#2. Das Sprengen wird anstrengend?

#1. Nein, das Erinnern!

#3. Also, ich habe gesagt: Sprengen!, und die Berliner geben mir recht, 87 Prozent sind für den Abriss! Sie stimmten ab per TED.

#1. Stopp! TED? Ich höre TED und bin gleich im westdeutschen Fernsehen, präziser: in meiner Show im westdeutschen Fernsehen.

#3. Klaus Theweleit hatte eine Show im westdeutschen Fernsehen?

FESS STOP

#4. Hallo. Geht's hier zum Casting? Oh! Jürgen von der Lippe.

#1. Hi.

#4. Wow, ich habe Ihre Show in den Achtzigern geliebt.

#1. Donnerlippchen.

#3. Gab's in der Show nicht auch den Vollstrecker?

#1 & #4. Ja.

#3. Und der kann mir doch sagen, wie ich dieses Testament vollstrecken muss. Herr von der Lippe, können die Zuschauer nicht den Prominenten im Sack raten und der Prominente im Sack ist dieses Zeichen hier?

#1. Das funktioniert so nicht.

#3. Wenn ich weiß, was dieses Zeichen soll, was der Kotti will, mit seinem Testament, dann müssen wir gar nicht mehr darüber reden, ob man das NKZ nun sprengt oder nicht.

#1. Oder die Budenstadt, 1941, im gerade geordneten Deutschen Reich, die muss weg! Völkischer Beobachter: Schandfleck am Kottbusser Tor verschwunden.

KAFFEEKULTUR · BAR · FEINE SPEISEN · EIS-MANUFAKTUR
K
KREMANSKI

ZENTRUM KREUZBERG
ULTRA

#2. Wie, der Schandfleck verschwindet von allein, mit einem Plopp?

#1. [PLOPP]

#3. Ja. [PLOPP]

#2. Das war: top! [PLOPP]

#3. Michael Schanze! Was machen Sie hier?

#2. Ich fühle mich verpflichtet, als Teil der BRD-Fernsehgeschichte verpflichtet, für Hochhäuser einzutreten, die BRD-geprägt sind, auch für Hochhäuser in West-Berlin.

#3. Um mich wieder ganz zu fühlen wie in Westdeutschland,

#2 um dich ganz zu fühlen und in Westdeutschland,

#3. fehlt auf jeden Fall: Peter Lustig.

#4. Wo bitte geht's hier zum Casting?

#3. Da ist er ja!

#1. Was hat Peter Lustig mit meinen lustigen Häusern zu tun?

#2. Irgendwas funktioniert mit der Technik hier nicht. Können Sie das nicht reparieren, Herr Lustig?

#4. Wenn es mit dem Ton zu tun hat, ja. Immerhin war ich der Tontechniker bei der Filmaufnahme von Kennedys Berlinerrede.

#1. Hört auf! Ihr mischt alles zusammen, von der Lippe, Lustig und Schanze, und denkt: So war Westdeutschland. Aber sind das nicht Versuche, Geschichte erstens unzerstört zu rekonstruieren, als Ganzes, und zweitens auch noch positiv, was bei der deutschen Geschichte eigentlich schwerfallen dürfte?

#2. Ja, stimmt, aber wir sind eigentlich auf dem besten Weg. Gerade wenn man sich die Mitte der preußischen Hauptstadt anschaut. Gerade wenn man sich Preußen-Mitte anschaut, kann man sagen: Die Haltbarkeit von Architektur ist nur eine Frage des Materials.

#3. NICHT nur eine Frage des Materials.

#1. Doch, NUR eine Frage des Materials!

#3. NEIN! Also, einer von den ganzen Moderatoren hier wird doch jetzt mal erkennen, dass diese Stadt hier, wenn sie nicht untergehen will, mit Moderationstechniken NICHT weiterkommt, nicht nur zwischen Interessen vermitteln muss, sondern dafür sorgen, dass diese Interessen überhaupt entstehen und artikuliert werden. HEY! Wieso trittst du mir auf den Fuß?

#1. So groß ist West-Berlin nicht, falls du es noch nicht bemerkt hast.

#3. Aha. Ich kann meine Mitspieler auch wie Kulissen behandeln! Mucho, was machst du? Schau dich doch nicht um, als wärst du von Reflektoren umgeben, von Mikrofonen, von Kamerakabeln!

#2. Ich schaue mich nicht um, ich schaue dich an, aber vielleicht sieht es anders aus, da die Bedingungen, unter denen Stadt und Wohnraum hier entstehen, und die Anforderungen, die an sie gestellt werden, zu uneinsichtig, komplex und bewegt sind, als dass die Idee von zeitlich-räumlicher Kontrolle und Fixierung von Raum aufrecht erhalten werden kann. Aber sie WIRD aufrechterhalten, weil die hier in dem verdammten Laden kein Stereo haben, sondern eben nur diese fucking Monokultur.

#1. HALLO! Ich bin Sissy Winterfield aus Boston, Massachussetts, eine abgehalfterte Jazzsängerin von zweiundzwanzig Jahren, die nun in Kreuzberg ihr letztes großes Glück sucht.

#2. Oh nein! Diese Frau schickt mir jeden Tag eines ihrer Demotapes für meine Sendung auf waste.fm. Ciao, Oedipa, ich muss weg.

#3. Nein, Mucho, lass mich nicht mit dem Theweleit allein!

#1. Was? Ich bin Anwalt, der Metzger vom Kotti. Äh. Was? Ich bin Metzger, der Anwalt vom Kotti.

#3. Der Metzger vom Kotti, ein Film von Jörg Buttgereit, inklusive Straßenschlachtung.

#1. Straßenschlachten!

#3. Ich versteh gar nichts mehr! Ich brauch mehr Kottinuität!

#1. Das sagst du aber auch nur, damit das Pynchon-Institut dich auf Weltreise schickt, mit der behutsamen Stadterneuerung.

#2. Schon 1968,

#1. auf der Suche nach dem Zeichen, das überall ist, überall, warum

#2. nicht auch hier?, ja, warum nicht hier, Oedipa?,

#1. aber es ist nicht da, Oedipa, NICHT DA, das heißt:

#2. Es geht nahtlos weiter, nahtlos, aber woanders!

#1. Und der Schauplatz ist wieder mal ein Kino, du gehst ins Naunynkino, Oedipa, 1968, eine Versammlung der KPD/ML, Sanierung, Stadtautobahn, Räumung des Viertels,

#3. Wird man die Gegend wiedererkennen?

#2. Wohl kaum!

#1. und hier sitzt Oedipa, 1968, irgendwie hergekommen durch dieses Zeichen, irgendwie, und du beobachtest die Menschen, Oedipa, beobachtest die Kohlenarbeiter, Bauarbeiter, Textilarbeiter, Frauen, Männer, die hier auf rote Fahnen schauen, und du weißt, da wird etwas kommen, gleich, gleich gibt es eine Eruption, auch wenn du nicht weißt, welche, aber da ist sie, da ist die Eruption: Mikrofone, die von Hand zu Hand wandern, von Mund zu Mund, aufgeregte Stimmen, sich überschlagende, über sich hinaus schlagende Stimmen, weit über sich und die anderen in diesem Kino und weit über das Kino und die Straße und das Viertel hinaus schlagend, weil sie das kennen, die Hände, die Münder, die Stimmen, weil sie den Kampf um die Straßen kennen als Kampf auf den Straßen, Kampf, Straßen, Kampfstraßen!, Erinnerung, bislang nicht mehr hervorgeholt, nicht hervorgeholt vor dem Mauerbau, nicht nach dem, nicht während des Mauerbaus, die kollektive Erinnerung an einen Kampf der Arbeiterhände gegen faschistische Überfälle, das erkennen sie wieder, und Oedipa sieht das alles an, um sie herum, alles wie auf einer Leinwand an, doch abgeschnitten von dieser Erinnerung, oder, oder, oder nicht abgeschnitten, vielleicht doch nie abgeschnitten.

#3. Oediparanoia: Ich kann nichts mehr sagen und sitze da und sitze da und sehe, wie mich etwas ansieht, aus der Dunkelheit, irgendwas ist da, eine wunderbare Möglichkeit ist da, und da draußen fliegen Sporen, und dadurch wird die Möglichkeit nicht weniger wunderbar, und das ist gut. Wenn das alles so wäre, wie es wäre! Wenn da unten, unter all den Altbauten und Neubauten etwas ganz anderes wäre, eine Stadt, die noch kommen kann, coming soon, coming!, und die immer wieder auftaucht, um die Städte, deren Lebbarkeit sich als nichtig erweist, gleich auf diese Nichtigkeit aufmerksam zu machen, die immer wieder auftaucht, wenn spontan gebaute Gebäude auftauchen, Hinterhäuser und Hinterhäuser von Hinterhäusern, und wenn das alles nur die Auswüchse wären, die Fortsätze eines niemals trockengelegten Bodens, Sumpfbodens, und wenn diese Nässe einen Pilz hervorgebracht hätte, mit einem Volumen, das längst alles überstiege, was oben ist, ein unterirdisch wucherndes Riesending, das macht, dass auch über der Erde nichts linear wächst, sondern wuchert und so jede Stadtplanung hier konterkariert? Wenn das aber so wäre, wäre, wenn das, wenn DAS so wäre, dann würde in Wirklichkeit der Friedhof immer noch existieren, da unten, dann wären vielleicht die ganzen Gespenster da unten, und dafür wäre diese Hochbahn, die angeblich wirklich ist, viel weniger wirklich, viel weniger Hochbahn. Da unten: eine Stadt, die ein Rest ist, wo die Gespenster der Toten Gespenster sein dürfen und sich manchmal wiederfinden in einem Kaugummiautomaten, 50 Pfennige Einwurf. Nach neunzig Minuten verließ sie das Naunynkino und tauchte wieder unter in dieser infizierten Stadt. 50 Pfennige Einwurf und: drehen!

Becherbutler

7 Panorama King

#2. Gleich geht die Versteigerung los, und dann nähert sich dieses Paranoiaprojekt ENDLICH DEM ENDE, und ich kann den Feierabend genießen, in meiner schönen Altbauwohnung.

#3. Ich hatte Lust, ihm in die Fresse zu schlagen. Aber ich dachte nur: So viel von dir ist schon zerfallen, Metzger, da lasse ich dich in Ruhe, du verrotteter Neubau, du.

#1. Dieser Altbaufetisch ist ein weiteres Überbleibsel der Instandbesetzungsbewegung, die letzten Endes auch falsche Fragen gestellt hat oder richtige Fragen falsch gestellt hat. Als wäre die Haltbarkeit von Architektur nur eine Frage des Materials.

#3. Als wäre es die Frage, ob ein Gebäude authentisch ist oder nicht, echt oder gefälscht, und nicht, WIE du es bewohnst, welche Spur der vergangenen Zeit es trägt, welche Verletzung, welchen Riss.

#1. Beim NKZ gibt es diese Spuren, aber es wird mit Fingerzeig auf die viel schöneren Altbauten ausgegrenzt, aus der Gemeinschaft der lustigen Häuser um Nick Trick oder Ton Steine Scherben. Stimmt's, oder habe ich recht? Oh, eine Brigitte von 1988: Berlinale-Dress-Debakel – NKZ und Sozialpalast Schöneberg tragen dasselbe Kleid!

#2. Deshalb geht's ja auch gleich los mit der Versteigerung.

#3. Ich hör schon wieder Versteigerung, welche denn?

#1. Sind es die gefälschten Häuser?

#2. Oder die Pläne für diese Fälschungen? Als DJ sehe ich diese Pläne –

#1. Wenn du DJ bist, bin ich der Onkel eines Affen.

#2. Lassen Sie Ihre Familie aus dem Spiel, Metzger. Also: Als DJ sehe ich diese Grundrisse an und denke: Die funktionieren wie Partituren, ich kann Bauwerke immer wieder neu aufführen, und dann kann ich sie wieder beiseitelegen bis zur nächsten Wiederaufführung des 19. Jahrhunderts.

#3. Wenn man von Häusern nicht mehr verlangt, als dass sie den Mund halten. Vor allem von Häusern, die auf der Abrissliste stehen.

#1. Du bist auch so ein Haus!

#3. Ja. Aber wie können wir Häuser den Menschen Platz für ihre eigenen Dramen verschaffen? Wie kann man so bauen, dass die Leute darin ihre eigenen Grenzen ziehen oder überschreiten können? So wie in Mexico City.

#2. Es ist nicht so, als würde Europa nicht chaotisch wachsen, und erst hier, hier, Territorio!

#3. Was meinst du Mucho? Bist du auf LSD?

#2. Schaut man sich dieses Wuchern von ganz Europa an, wird man darin einen Reichtum entdecken, jenseits des Reichtums, den wir alle sehen. Und: Ja, Städte machen es Menschen nicht leicht, und das war schon immer so, dass Städte es dem Menschen eben schwer machen, und das war immer auch das Schönste an ihnen.

#1. Paranoia: Wenn Seiten- und Hinterhäuser stärker bewohnt sind, in mir, als Vorderhäuser.

#3. Paranoia: Hier stehen Hunderte Menschen vor mir, also ihr. Und ich weiß nicht, ob der Kotti euch engagiert hat, nur damit ich durchdrehe und durchdeklinieren muss: Ich kann dich nicht beherrschen, ich kann ihn / sie / es nicht, kann euch nicht beherrschen. Niemand kann niemanden mehr beherrschen?! Das ist ja Horror.

#1. Oder ein Anfang. Wenn du bei dieser grundlegenden Frage, wie du wohnen willst, einen Anteil hättest, dann könnte doch auch die Stadt aufhören, irgendetwas von oben entscheiden zu müssen, moderieren zu müssen. Die Stadt als Michael Schanze? NEIN! Sie könnte dann, weil alle sagen, was sie wollen, auch besserwissen, was sie will. So wie der Kotti ganz genau weiß, was er will.

#3. Was denn? Die Versteigerung?

#2. Ja. Die Versteigerung von Objekt No. 36!

#3. Ganz SO 36?

#2. Objekt No. 36: eine Super-8-Sammlung von 2009. West-Berlin, in den Achtzigern komplett auf Super 8 abgefilmt, wird in den Nullern auf alle Gebäude projiziert, die zu dem Viertel gehören, das mal Kottbusser Tor hieß, auf Gebäude projiziert und dann wieder abgefilmt, um 2029 versteigert zu werden, komplett.

#3. Auf der Versteigerung unterhielten sich die Leute unverfänglich und umso lauter:

#1. Mega- oder Metastädte wie Mexico City, wo zwanzig Millionen Menschen leben, ohne Freiflächen, sind dadurch entstanden, dass man losgebaut hat. Erst sprechen, dann bauen? Nein, sprechen und dabei bauen.

Skalitzer Straße
135a–137

#2. Wenn ich spreche, tue ich auch etwas, und wenn ich etwas tue, verändere ich mich, das heißt: Wenn wir miteinander sprechen, du und ich, tun wir etwas und verändern uns dabei, und irgendwas erreichen wir auch, aber niemand weiß, was oder wer da gemacht worden ist, bevor es nicht passiert ist, und wenn ich Pech habe, ist das genau der, der mich die ganze Zeit verfolgt, und wenn ich Glück habe, bist das du, auch wenn du mich die ganze Zeit verfolgst.

#1. Was? Du verfolgst doch mich!

#3. Nein, du mich!

#1. Er mich?

#3. Wir dich?

#2. Okok, dann verfolge ich eben MICH! Und dann bin ich gezwungen, wegzulaufen von dem Ort, an den ich gehöre, und ich fühle mich befallen von etwas, das alles ändern will.

#3. Jeder Ort, an dem man sich versammelt, wird verteilt und entortet, jedenfalls wird er zum Schauplatz. Das müssen wir nur wissen, denn, so oder so: Wir bleiben unter uns, eben nicht: zwischen uns, wir sind nichts als wir, aber zur selben Zeit sind wir eben nichts als der Abstand zwischen uns, Abstand: Das sind wir.

#1. Ja. So ist es. Und jetzt, in dem Moment, in dem du das denkst, fallen alle Stränge dieses verkorksten Plots, dieser Verschwörung, zusammen, und du weißt, was es heißt, auch wenn du das Zeichen nirgends mehr siehst, weißt du:

#3. w.a.s.t.e.: wilde architekturen schrumpfen territorio ein.

#2. Hey, das ist unser neuer Song! Der beste Song der Paranoids ever!

#1. Sind eure Songs schön und wahr oder nur ein geringer Teil des Frequenzspektrums?

#4. Hallo. Geht's hier zum Casting für das neue Rimini-Protokoll-Stück?

#1. Das Stück über Menschen, die immer zu Castings gehen?

#4. Ja.

#2. Ja.

#4. Ja?

#1. Ja, das war's aber schon. Du bist dabei. Mach's dir bequem.

#2. Nein. Mach's dir doch bitte einmal unbequem!

#1. Das Leben als unbequeme Raumproduktion, ungeplante, in der auch mal einiges falsch laufen kann. Aber wenn das so läuft, kein Problem. Ich kann meine Mitspieler auch wie Kulissen behandeln.

#3. Ich kann aber auch meine Kulissen wie Mitspieler behandeln. Und, klar müssen wir hier mit Einschränkungen umgehen. Das muss man in der Architektur auch.

#2. Aber gleich wird versteigert. Gleich wird No. 36 versteigert. Gleich. Gleich würde Licht auf die Leinwand fallen, und es würde sichtbar werden, was er hinterlassen hatte, der Kotti. Gleich. Nie war ihr der Verdacht gekommen, erst jetzt. Dass das Ganze unter Kreuzberg, diesem Teil von Kreuzberg, das alles unten drunter das sein könnte, dieses Vermächtnis, all das, das alte West-Berlin und das alte Westgermany und all das dazu, dieses feuchte, nie getrocknete Ödland, Oedipaland.

#3. Und wem gehört das, dieses Land?

#1. Lass uns nicht warten. Let's waste Germany!

8 Verschwörung gegen dich, den ich liebe

#3. Das Dekor unseres nächsten Stücks ist eine Diskothek am Ende des 21. Jahrhunderts. Die Häuser atmen. Die Lichter irren. Die Menschen schreien. Aber niemand wird kommen. Jemand betritt diesen Raum, jemand, der mir verdammt ähnlich sieht, sich verdammt ähnlich bewegt, verdammt ähnliche hochhackige Schuhe trägt, betritt diesen vollkommen verspiegelten Raum, dessen Spiegel immer nur die zeigen, die ich nie mehr sehen will, sehen kann, mit hochhackigen Schuhen in diesem verspiegelten Raum, um diese Spiegel unter den hochhackigen Schuhen zu zertrümmern, komplett, in Panik, Oedipa in Panik, maßloser Panik, Oedipanikothek.

#2. Wo ich dir immer noch begegnen kann, Kotti, auch jetzt noch.

#1. Dem Anderen im eigenen Raum zu begegnen, deinem Raum, der jetzt schon wieder ein anderer ist, weil eine Sekunde vergangen ist, mit dem Raum des Anderen konfrontieren, und das dann Liebe nennen,

#2. Liebe, die dich und mich verbindet, aber nie vereinigt.

CARWASH36
P
ARKIN

#1. Offenheit, jeder darf etwas dazubauen, und jeder andere kann sagen und fragen.

#2. Das sind mal Dialoge nach meinem Geschmack! Das Gespräch, das wir sind, und das sprechbar wird mithilfe anderer.

#3. Ich bin doch nie zu Ende, Kotti, wie du. Wenn du den Tod nur überleben willst, um mich doch noch zu kriegen, in die Paranoia zu kriegen, deine Paranoia, ein seltsamer Plot, Plot: Verschwörung gegen mich, die du liebst.

#2. Nein, ich habe aufgehört, dich in der Nacht mit Anrufen zu belästigen, sagt der Kotti, es gibt so viele, die dich geliebt haben und die du immer noch aufrufst, damit sie dich anrufen, auch wenn du es nicht willst. Nein,

#2 & #1. wir sind nie zu Ende.

#2. Am Ende dieser Nacht standen wir in einem Flecken aus Licht, Projektorlicht, um uns zu wärmen.

#1. Immer wieder betrachteten wir die Sporen, die durch die Luft trieben, und wussten nicht, ob wir durchkommen würden damit.

#3. Wir fuhren in der U8, 1949, 1979, 2009 und auch jetzt, 2029, und wir sahen sehr unterschiedliche Bilder einer Stadt, Bilder von Stadt überhaupt, so viele Unterschiede, mit voller Wucht aufeinander,

#1. gegeneinander,

#2. miteinander.

#2 & #3. Wenn es damals Video gegeben hätte,

#3. hätte ich Video gemacht, hätte ich alles auf Video, alles

#1. fand in einer einzigen Nacht statt, die ganze Geschichte dieses riesigen Pilzes, der über Jahrhunderte diese Stadt mitgestaltet hat:

#1 & #2. komprimiert zu einer einzigen Nacht.

#2. Jede von uns machte das, was sie vor der Kamera bereit war zu tun und worauf sie Lust hatte.

#3. Wir kannten uns alle schon über Jahre.

#1. Wir hatten uns oft geküsst, wenn auch nur

#3. im Film. Wie ein Filmkuss, atemlos / wie ein

#1. Filmkuss, zeitenlos / du bist

#2. so einfach /

#3, #2 & #1. so komplex / Ende.

#3. Kannst du noch ein Gruppenfoto machen von mir?

Dieses Filmprojekt wurde nie verwirklicht mit der Hilfe von:

Judith Butler, Simon Critchley, Gerhard de Bruyn, Helga Fassbinder, Victor Burgin, Beatriz Colomina, Andrew Freear, Matthias Heyden/Ines Schaber, Xavier Laboulbenne/Aljoscha Westkott, Daniel Caspar von Lohenstein, Jean-Luc Nancy, John Palmesino, Wolfgang Pehnt, Thomas Pynchon, Rio Reiser/Ton Steine Scherben, Eckhart Ribbeck, Peter Richter, Dirk Schaefer, Christoph Schmidt/Christoph Heinemann, Stefanie Schulte-Strathaus/Florian Wüst, Marc Siegel, Wieland Speck, Ludwig Tieck, Stephan Trüby, Joseph Vogl, Nicole Wolf, u. v. a.

Der Autor

Jörg Albrecht, geboren 1981 in Bonn, studierte Komparatistik, Geschichte, Literatur- und Theaterwissenschaft in Wien und Bochum. Er lebt als Autor in Berlin und schreibt Romane, Theaterstücke und Hörspiele. Albrecht ist Gründungsmitglied des Theaterkollektivs »copy & waste«, das sich mit urbanen Veränderungen im 21. Jahrhundert beschäftigt. Zuletzt erschien von ihm »Anarchie in Ruhrstadt« (2014).

Mehr Berliner Orte!

In der Reihe »Berliner Orte« nähern sich Autoren mit ihrem ganz eigenen Stil einem Ort, der für sie eine besondere Rolle spielt. Mal persönlich, mal historisch und immer ganz individuell zeigt die Reihe Berlin in seiner ganzen Vielfältigkeit.

Knut Elstermann
Meine Winsstraße
ISBN 978-3-89809-107-7

Brauseboys
Geschichten aus der Müllerstraße
ISBN 978-3-89809-108-4

Volker Wieprecht
Zwischen Kreisel und Kleistpark
ISBN 978-3-89809-119-0

Rolf Schneider
Die Bölschestraße
ISBN 978-3-89809-120-6

www.bebraverlag.de

Mehr Berliner Orte!

Kurt Tucholsky
Westend bis Köpenick
ISBN 978-3-89809-109-1

Walter Benjamin
Stadt des Flaneurs
ISBN 978-3-89809-131-2

Hans Ostwald
Dunkle Winkel
ISBN 978-3-89809-121-3

Andreas Ulrich
Torstraße 94
ISBN 978-3-89809-130-5

www.bebraverlag.de

Ein anderer Blick auf die Wendezeit

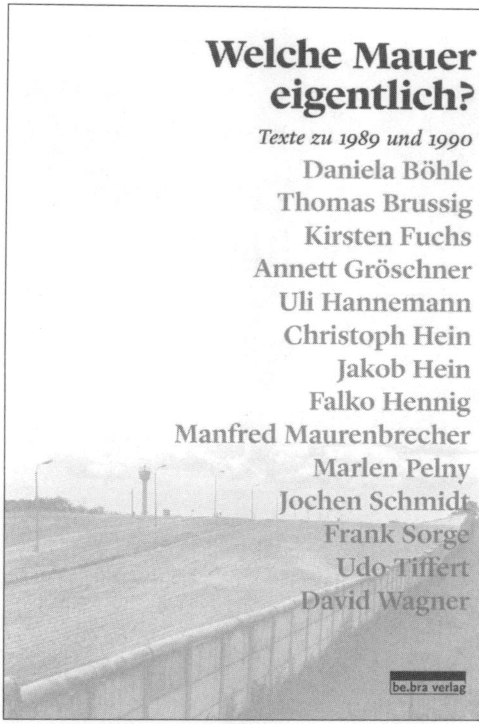

Auf Mark Twains Spuren

Andreas Austilat
Mark Twain in Berlin
ISBN 978-3-8148-0206-0

www.bebraverlag.de

Das Mitmach-Stadt-entdecken-Kaputtmachen-Buch